人民幣周邊化
問題研究

徐玉威◎著

崧燁文化

前言

在經濟全球化的今天，人民幣國際化已成為學術界高度關注的熱點之一。現實中的人民幣國際化問題是一個龐大的研究課題，本書研究人民幣國際化的一個分支問題，考察人民幣在周邊國家和地區是否執行了國際貨幣的職能。在中國積極推進人民幣國際化的時代背景下，本書以人民幣在周邊國家和地區的流通狀況為主線，運用現代西方經濟學等相關理論知識，採用實證分析、規範分析、比較分析等手法，在國內外學術界已有研究成果的基礎上，系統分析人民幣周邊化的現狀、動力機制和抑制因素等理論性問題，並對進一步促進人民幣在周邊國家和地區的流通，實現區域國際化，進而為最終實現人民幣國際化提出相應的政策建議。

本書共包含7章，各章的主要內容如下：

第一章是緒論。主要闡明本書的選題背景及研究意義，並對現有的國內外文獻進行綜述，介紹本書的研究框架、創新與不足。

第二章是人民幣周邊化的理論基礎。本章主要從純理論角度闡述一些關鍵性的西方貨幣理論。歐元區作為最優貨幣區理論成功的典型代表，為貨幣國際化開闢了一個新的路徑選擇，即通過區域貨幣合作，利用集體的力量，推進一國貨幣的國際化。在貨幣國際化的過程中，必然會出現一種貨幣對另一種貨幣的替代，即貨幣替代。貿易結算貨幣是一國貨幣走向國際化在職能上第一階段的轉變，但在國際貿易中，結算貨幣是根據什麼決定的呢？即計價貨幣選擇理論。

第三章是人民幣周邊化的動力機制。本章主要介紹人民幣周邊化的有利因素與優勢。首先，中國強大的經濟實力為人民幣周邊化的發展奠定了經濟基礎。本章主要從中國的經濟總量及經濟增長率、人民幣幣值的穩定和巨額的貿易順差、充足的外匯儲備三個方面加以考察中國綜合的經濟實力。其次，中國與周邊國家在經濟方面有比較大的聯繫，通過計算中國與周邊國家和地區的貿

易強度指數，發現中國與周邊國家和地區的貿易聯繫比較密切。中國對周邊國家的投資額逐年在增加，周邊自貿區的建設說明中國與周邊經濟體在投資和區域合作方面聯繫也都比較緊密。最後，人民幣離岸市場的迅速發展為人民幣流出國門提供了條件與支持，「一帶一路」和亞投行的成立更是助推了人民幣周邊化進程。

第四章是人民幣周邊化的現狀分析。國際貨幣有三種職能，即計價、結算與儲藏。本章通過跨境貿易人民幣結算、金融交易、人民幣的錨地位以及人民幣在儲備職能上的表現來探討人民幣周邊化的情況。在人民幣跨境貿易結算方面，重點考察了邊境貿易的人民幣計價和結算，中國優越的地理位置、國家政策的鼓勵以及地方政府的大力支持，都促進了跨境貿易人民幣結算順利開展。在人民幣在周邊區域內的金融交易方面，考察了人民幣對外直接投資、人民幣債券的發行、人民幣合格境外機構投資者以及人民幣與外幣的直接交易等情況。通過對人民幣在周邊區域內錨貨幣地位的檢驗，發現人民幣匯率波動會對周邊大部分經濟體的匯率變動產生顯著性的影響。人民幣作為儲備貨幣在全球市場上所占份額還很小，但是貨幣互換會增加人民幣的儲備貨幣功能，助推人民幣周邊化。

第五章是人民幣周邊化的抑制因素。本章主要探討人民幣周邊化過程中遇到的問題以及阻礙。人民幣在周邊化過程中遇到的問題主要有：人民幣進出口結算不對稱、資本和金融項目人民幣回流渠道少且限制多、邊境地下經濟猖獗等。此外，一些非經濟因素也會抑制人民幣在周邊國家和地區的流通和使用，阻礙人民幣周邊化的推進。

第六章是政策建議。本章主要是結合人民幣周邊化的現狀以及影響因素，研究如何擴大人民幣在周邊國家和地區的流通範圍和規模，為實現人民幣在周邊區域內的國際化給出相應的政策建議。中國強大的經濟實力是人民幣周邊化的經濟基礎。要推動人民幣周邊化的發展，應保持中國經濟的快速發展，穩固並提高人民幣在周邊國家的影響力，擴大人民幣的流通規模。要實現人民幣周邊化，就要進一步加強中國與周邊經濟體的經濟聯繫，擴大區域經濟貨幣金融合作，實現共同發展。一國貨幣國際化離不開離岸市場的支撐，在推動人民幣周邊化過程中，要利用香港人民幣離岸中心的功能，更要進一步推進和完善人民幣離岸中心的建設。人民幣在周邊化進程中遇到的問題歸根於中國金融市場的不健全，這就要求中國繼續推進金融市場改革，逐步實現資本帳戶開放，以便實現人民幣的可自由兌換。

第七章是結論與展望。對本書的研究內容和結果進行梳理，並對下一步可

進行的研究進行展望。

　　本書可能的創新主要包括以下幾個方面：第一，研究對象的選取，本書以中國周邊26個國家和地區為研究對象，對人民幣周邊化進行研究；第二，詳細介紹中國與周邊經濟體的貿易聯繫與投資往來；第三，分析人民幣在周邊區域內的金融交易，檢驗人民幣在金融產品方面的計價和結算情況；第四，檢驗人民幣是否成為周邊區域內的錨貨幣，為人民幣周邊化的現狀提供實證分析；第五，本書結合中國自身的優勢、人民幣周邊化過程中遇到的問題等情況，為人民幣進一步實現國際化提供政策建議。

Preface

As the development of economic globalization in the world, the internationalization of the RMB has already became one of monetary economic phenomenon. The real issue of RMB internationalization is a huge social subject. This paper aims to studying a branch inspect of the internationalization of the RMB, whether the RMB in the surrounding countries and regions perform the functionof the international monetary. Under the background of promoting RMB internationalization, the paper research focus on RMB calculation in the surrounding countries and regions. By using the modern western economics and other related theory, the empirical analysis and normative analysis, comparative analysis and other methods, based the academic research results at home and abroad to study the current situation of RMB in the surrounding countries and regions, the dynamic mechanism and restraining factors. At last, some policy recommendations will be put forward to enhance the circulation of RMB in the surrounding countries and regions, realize regional internationalization, and finally realize the internationalization of the RMB.

This paper contain seven parts, themain content is as follows:

The first part is the introduction. Mainly expounds this article selected topic background and research significance, and summarized the existing literature at home and abroad, introduce the research framework, the innovation and deficiency.

The second part is the theoretical basis. This chapter expounds some key western monetary theorymainly from the angle of pure theory, which contains three theories. The euro zone as a typical representative success of the optimum currency area theory, which opened up a new way for the choice of currency internationalization path. That is through the regional monetary cooperation, using the power of the collective to promote the internationalization of a currency. Currency substitution will arise in the process ofcurrency internationalization. In international trade, which factors can decide the settlement currency. The currency choice theory can answer the question.

The third chapter is the dynamic mechanism of RMB internationalizationin the surrounding countries and regions. This chapter mainly introduces the favorable factors and advantages. First, China's powerful economic strength laid a solid economic foundation. This section contains the China's economy and the economic growth rate, the stability of RMB, huge trade surplus and plenty of foreign exchange reserves three aspects. Second, China's economic ties with its neighboring countries closely. By calculating China's trade intensity index with the surrounding countries and regions, found that China's trade links with neighboring countries and regions closely. The increasing investment in surrounding countries and regions and free trade area construction with neighboring countries all illustrate that China and the peripheral economies connected in terms of investment and regional cooperation closely. At last, the rapid development of the offshore market provided conditions and support for the inflows and outflows of RMB. The construction of 「one belt and one road」 and Asian Infrastructure Inveatment Bank all helped the process of RMB internationalization in surrounding countries and regions.

The fourth chapter is the status of RMB internationalizationin the surrounding countries and regions. We know that international currency has three functions, which are valuation, settlement and storage. This chapterdiscusses the situation of RMB internationalizationin the surrounding countries and regions through the cross-border trade RMB settlement, financial transactions, anchorage of RMB and the performance of the RMB on the reserve function. In terms of cross-border trade settlement, focuses on the frontier trade. China's excellent geographical location, the encouraging national policy and support of local government promote the yuan settlement of cross-border trade. The financial transactions contain the direct investment, issuing RMB bonds, the qualified foreign institutional investors, and the direct trading of the renminbi and foreign currency. The test of RMB as anchor currency find that the RMB exchange rate fluctuations will affect the exchange rate changes of most surrounding countries significantly. The RMB as a reserve currency in the global market share is still small, but the currency swap will increase the reserve currency function of RMB, boost the RMB internationalizationin the surrounding countries and regions.

The fifth part is the restraining factors. This chapter mainly discusses the problems and the unfavorable factors which may hinder the development of RMB internationalization in the surrounding countries and regions. The problem mainly has: the import and export settlement asymmetrical, less RMB outflow channels of capital and financial account, the rampant border underground economy. In addition, the non-economic factors such as unstable relations across the Taiwan straits, Sino-Japanese relation, the South China Sea dispute will limit the circulation and use of RMB in the surrounding countries and regions, which will hinder the RMB internationalization.

The sixth part is the policy recommendations. This part mainly offers policy recommendations for RMBinternationalizationin the surrounding countries and regions by combining the status with influence factors. China's powerful economic strength is the basis. We should promote the development of the economy stably and raisethe status and influence of RMB, expand the scale of the RMB circulation in the surrounding countries and regions. In order to realize the RMB internationalizationin the surrounding countries and regions, it is need to further strengthen the ties between China and the peripheral economies, expanding the regional economic monetary and financial cooperation. A country's currency internationalization dependents on the offshore market. In the process of promoteing RMB internationalization, we should actively use the convenience of Hong Kong offshore RMB centre, further promote and perfect the construction of the offshore RMB centre. The problems raise in the process of RMB internationalizationin the surrounding countries and regionsis because of our immature financial markets, which will requires our country continue to push forward the reform of financial markets, deepen the RMB exchange rate formation mechanism and gradually open capital accounts in order to make the RMB convertible. The RMB offshore market has made important contributions to the development of RMB internationalizationin the surrounding countries and regions. So we should further improve the development of offshore RMB market.

The seventh part is conclusion and prospect. Carding the research content and results of this paper and discussing the research of next step.

According to the analysis of this article, this article's possible innovation mainly includes the following aspects. First, the selection of the research object. This paper takes 26 countries and regions around China as the research object. Second, introducing the rade links and investment flows between China and neighboring detailedly; Third, analyzing the financial transactions in the surrounding area to inspect denominated in RMB of financial products; Fourth, checking the renminbi has became the anchor currency of surrounding area or not to provide an empirical analysis; Fifth, providing policy advices to implement internationalization further by combining with China's own advantage, the problems raise in the process.

目　錄

1　緒論 / 1
　1.1　研究背景與研究意義 / 1
　1.2　相關文獻綜述 / 3
　　　1.2.1　中國周邊國家和地區的界定 / 3
　　　1.2.2　人民幣國際化相關文獻綜述 / 4
　　　1.2.3　人民幣周邊化相關文獻綜述 / 7
　1.3　研究方法及內容框架 / 12
　1.4　創新與不足 / 13

2　人民幣周邊化的基礎理論分析 / 15
　2.1　貨幣替代理論 / 15
　　　2.1.1　貨幣替代的含義 / 15
　　　2.1.2　典型的貨幣替代理論模型 / 16
　　　2.1.3　貨幣替代理論的影響因素 / 18
　2.2　計價貨幣選擇理論 / 19
　　　2.2.1　格拉斯曼法則 / 19
　　　2.2.2　一些相關研究 / 20
　2.3　區域貨幣合作理論 / 20
　　　2.3.1　國際區域貨幣合作理論的產生 / 21

        2.3.2　最優貨幣區理論 / 22

3　人民幣周邊化的動力機制 / 27
3.1　中國強大的經濟實力 / 27
        3.1.1　中國經濟快速增長 / 27
        3.1.2　人民幣值穩定 / 29
        3.1.3　巨額的貿易順差和充足的外匯儲備 / 32
3.2　中國與周邊經濟體經濟聯繫較大 / 34
        3.2.1　中國與周邊國家和地區貿易聯繫密切 / 35
        3.2.2　中國對周邊國家和地區的投資額較大 / 38
        3.2.3　中國周邊自貿區建設 / 42
3.3　人民幣離岸市場的迅速發展 / 47
        3.3.1　香港人民幣離岸市場 / 47
        3.3.2　臺灣人民幣離岸市場 / 51
        3.3.3　澳門人民幣離岸市場 / 53
3.4　「一帶一路」建設與亞投行助推人民幣周邊化 / 55
        3.4.1　「一帶一路」建設為人民幣國際化帶來新機遇 / 55
        3.4.2　亞投行加速人民幣周邊化 / 56

4　人民幣周邊化的現狀分析 / 58
4.1　周邊區域內的跨境貿易人民幣結算 / 58
        4.1.1　中國與周邊國家和地區的跨境貿易發展 / 58
        4.1.2　中國邊貿發展與人民幣的計價結算 / 60
4.2　人民幣在周邊區域內的金融交易 / 67
        4.2.1　人民幣對外直接投資的起步與發展 / 67
        4.2.2　周邊人民幣債券發行 / 70
        4.2.3　人民幣合格境外機構投資者 / 72

  4.2.4 人民幣與外幣直接交易 / 72
 4.3 **人民幣貨幣錨地位檢驗** / 73
  4.3.1 人民幣與周邊經濟體貨幣的聯動關係 / 74
  4.3.2 人民幣在周邊國家的貨幣錨地位檢驗 / 75
  4.3.3 人民幣成為周邊國家的錨貨幣的潛力 / 84
 4.4 **人民幣的儲備貨幣地位與貨幣互換** / 88
  4.4.1 人民幣的儲備貨幣地位 / 88
  4.4.2 貨幣互換助推人民幣周邊化 / 91

5 人民幣周邊化的抑制因素 / 95
 5.1 **人民幣周邊化過程中遇到的問題** / 95
  5.1.1 跨境貿易人民幣進出口結算不對稱 / 95
  5.1.2 人民幣資本項目回流渠道少 / 96
  5.1.3 跨境地下經濟猖獗 / 98
 5.2 **非經濟因素對人民幣周邊化的抑制** / 99
  5.2.1 國際政治關係對貨幣國際化影響的理論分析 / 99
  5.2.2 兩岸不穩定政治關係的經濟效應 / 100
  5.2.3 中日關係對人民幣周邊化的影響 / 101
  5.2.4 南海爭端 / 101

6 推進人民幣周邊化的政策建議 / 103
 6.1 **以供給側結構性改革促進中國經濟高速發展** / 103
  6.1.1 中國經濟可持續發展的阻力 / 104
  6.1.2 以供給側改革促進中國經濟發展 / 107
 6.2 **加強周邊區域內的貨幣金融合作** / 111
  6.2.1 擴大人民幣互換範圍和期限 / 111
  6.2.2 積極參與東亞貨幣合作 / 112

6.3 推進香港人民幣離岸金融中心建設 / 117
    6.3.1 離岸金融中心概述 / 118
    6.3.2 建設香港人民幣離岸金融中心的意義 / 119
    6.3.3 進一步發展香港人民幣離岸金融中心 / 120

6.4 繼續推進中國金融市場改革 / 122
    6.4.1 加快利率市場化改革 / 122
    6.4.2 逐步實現資本帳戶開放 / 124

7 結論與展望 / 127

參考文獻 / 132

1 緒論

1.1 研究背景與研究意義

在世界經濟領域，貨幣國際化一直都是被關注的熱點和重點。近幾年來，人民幣國際化問題引起眾人的關注，這不僅是因為中國經濟的崛起，使人民幣在世界上扮演的角色越來越重要，更是因為頻發的經濟金融危機暴露了許多現有國際貨幣體系的弊端，使人們對美元霸權地位的質疑和反對聲日益增大，改革國際貨幣體系的呼籲聲越來越高。2015年12月1日，人民幣加入「特別提款權」貨幣籃子，成為世界上第五大儲備貨幣。這標誌著國際社會對人民幣的認可，是人民幣國際化進程中的一個重要里程碑。

歷史事實表明，一國貨幣的國際化往往隨著這個國家的經濟崛起而發生。中國經濟的迅速發展，使其在世界經濟格局中所占的地位越來越重要。人民幣國際化是中國的一個必然選擇。中國作為世界各國的一員，需要為國際貨幣體系的改革出一份力。自國內學者開始研究人民幣國際化以來，關於人民幣國際化路徑的選擇一直是大家關心的一個問題。眾多學者分析了西方發達國家貨幣國際化的發展歷程，總結其成功經驗，發現一國貨幣成長為國際貨幣的路徑主要有兩種選擇：第一種是以英鎊和美元為例，憑藉自身強大的國家實力，以單兵作戰的形式實現國際化；第二種是以歐元為例，依靠集體行動的力量，貨幣發行國家放棄一定的貨幣主權，通過區域貨幣合作實現貨幣的國際化。在第一種模式中，殖民經濟擴張和霸權主義是英鎊和美元成功實現國際化的基礎，因此第一種模式對於人民幣國際化路徑的選擇具有較少的借鑒意義，因為其是在特殊的歷史背景下實現的。而日元國際化的失敗和歐元的誕生則表明貨幣國際化第二種模式在當今國際貨幣體系具有強大的生命力。在現行國際貨幣體系下，美元占據霸權地位，一國貨幣要實現國際化，走美元、英鎊國際化的道路

是行不通的,即不可能僅僅依靠自身強大的力量來實現本幣的國際化。一國必須得重視地域經濟因素,加強區域間各國的貨幣金融合作,先實現貨幣區域化,再實現國際化。由於歐洲這種通過區域經濟一體化實現成員國貨幣國際化的路徑是在滿足特定的條件下實現的,人民幣國際化不可能通過完全複製歐元的道路來實現。但歐元的成功卻給人民幣的國際化指明了一條方向,即通過深化區域經濟合作。

目前,學術界關於人民幣先通過區域化來實現國際化的看法初步達成了一致,相關的研究也大量湧現。但關於人民幣區域化的實現,學者們有不同的意見,主要有三種觀點:一是區域合作贊同論,即中國通過參與區域貨幣合作實現人民幣的區域化;二是區域合作否定論,即人民幣依靠自身強大的經濟力量獨立實現人民幣的區域化;三是區域合作階段論,即先實現人民幣周邊化再通過區域貨幣金融合作實現人民幣的亞洲區域化。第一種觀點認為,中國現階段應參與東亞區域貨幣合作(戴金平,2003;麥金農,2003)。第二種觀點認為人民幣可以通過自身的競爭優勢實現亞洲化,而無需參與進東亞區域貨幣合作。姚枝仲(2004)認為,中國與亞洲其他國家間存在這不對稱的競爭壓力,人民幣在亞洲的匯率協調中處於非常有利的地位,在這種情況下,中國與其他亞洲國家統一的匯率協調機制並不是人民幣最優的選擇。第三種觀點認為人民幣國際化應該分為三步走,即先通過自身的優勢實現人民幣周邊化,進而再通過區域貨幣金融合作,實現人民幣在更大區域範圍內的區域化,最終實現在全球範圍內的國際化。何慧剛(2007)、巴曙松(2009)、劉力臻(2010)提出人民幣國際化應遵循「人民幣周邊化—人民幣亞洲化—人民幣國際化」的路徑來實現。目前,區域合作階段論占據主導地位,該理論認為先實現人民幣周邊化後再通過區域貨幣金融合作實現人民幣的亞洲區域化,進而最終實現人民幣國際化,即「三步走」。所以,人民幣周邊化作為實現人民幣國際化的一個重要步驟,具有重要的研究價值。

另外,中國周邊國家作為中國的海陸鄰國,這些國家對中國的影響非同尋常。這些國家作為人民幣走出國門的「第一站」,對人民幣的整體境外流通規模有著一定的決定作用。這也是本書為什麼要研究人民幣周邊化的一個重要原因。

近年來,國家為促進人民幣國際化實施了一系列的政策措施,其中,人民幣跨境貿易結算、建立人民幣離岸市場、擴大與境外國家的貨幣互換安排、「一帶一路」倡議等舉措在人民幣周邊化發展進程中作用斐然。但這些舉措具體怎樣促進了人民幣周邊化?人民幣周邊化的現狀怎樣?以及在人民幣周邊化

進程中遇到哪些問題？怎樣才能進一步推動人民幣周邊化？本書試圖分析並解決這些問題，對於人民幣國際化的實現具有重要的現實和理論意義。因為人民幣周邊化的順利推進，不僅能夠給中國帶來鑄幣稅收入、降低交易成本與交易風險等直接受益，更重要的是人民幣周邊化與中國經濟實力的提高相結合，能夠有效地提高中國在周邊國家和地區的經濟地位與「軟實力」，深化中國與周邊國家和地區的經濟、金融聯繫，有助於經濟與金融環境的穩定，反過來將進一步推動中國經濟的持續發展。因此，對人民幣周邊化問題進行全面的研究具有非常重要的意義。

1.2 相關文獻綜述

1.2.1 中國周邊國家和地區的界定

本書主要研究人民幣在中國周邊國家和地區的國際化。首先對本書的研究對象「中國周邊國家和地區」進行界定。目前，學術界和國際社會對中國周邊國家範圍尚沒有統一界定，國內學術界有多種說法：第一種是將中國的海陸鄰國作為中國的周邊國家[1]。第二種是將中國的海陸鄰國和東盟中的其他成員國作為中國的周邊國家。第三種是大周邊概念。阮宗澤指出中國的周邊國家包括和中國接壤的國家或與中國有緊密利益關係的國家。第四種是除上述三種說法之外個別論著中的其他劃分方式。從上述四種劃分方式可以看出，第一種劃分比較直接，但在實際中的應用卻很少；第二種劃分方式在經貿統計中較為常見；第三種劃分方法理念較為新穎，但是不確定性大。由於第二種界定方式得到地理學界和國際經貿界的認同，本書採用第二種界定方式。根據第二種界定方式，中國周邊國家有 23 個，從地理位置上來看，這些國家主要有位於東北亞地區的俄羅斯、蒙古、朝鮮、韓國、日本；位於東南亞地區的越南、老撾、柬埔寨、泰國、緬甸、馬來西亞、印度尼西亞、文萊、菲律賓、新加坡；位於南亞地區的尼泊爾、不丹、巴基斯坦、印度、阿富汗；坐落於中亞的塔吉克斯坦、吉爾吉斯斯坦、哈薩克斯坦。再加上中國香港和澳門特別行政區以及臺灣地區，本書的研究對象共有 26 個。

---

[1] 錢洪良，楊光海. 中國和平崛起與周邊國家的認知和反應 [M]. 北京：軍事出版社，2010.

1.2.2 人民幣國際化相關文獻綜述

2009年，跨境貿易結算試點正式啓動，這標誌著人民幣國際化進入一個新的階段。本書以此為分界點，分別對人民幣國際化的早期研究和新階段發展進行文獻綜述。

(1) 人民幣國際化早期研究

自從人民幣國際化被提出來以後，國內學者給予了高度重視，並從各個方面進行了大量的理論和實證研究。

第一，人民幣國際化的必要性和可行性。景學成（2000）認為人民幣在中國周邊國家區域內的流通不能視為人民幣國際化的開端，因為其是非制度行為。凌星光（2002）認為人民幣逐漸增強購買力，使之已經成為亞洲的關鍵貨幣，具備成為國際儲備貨幣的一些條件。查勇貴（2005）對比分析了中國與20世紀80年代的德國、日本的情況，認為人民幣已具備了國際化的條件。張愛文（2005）從五個方面論述了人民幣國際化的必要性：一是增加鑄幣稅收入；二是有助於提升中國的國際影響力；三是促進中國金融體制改革；四是增強中國貨幣政策的獨立自主性；五是避免貨幣期限錯配的風險。此外，他還分析了有助於實現人民幣國際化的國內條件，包括持續高速的經濟發展、不斷完善的金融市場、人民幣幣值的穩定和經常項目的可自由兌換等。此外，也有不少學者從中國未來的發展前景進行分析。李曉、丁一兵（2006）和劉群（2006）認為如果人民幣不往國際化的方向發展，就會導致中國的經濟大國地位與其非國際化的貨幣不匹配，進而會阻礙中國經濟的進一步發展。

第二，人民幣國際化的實現途徑及策略。鐘偉（2002）認為中國在推進人民幣資本項目可兌換的同時，積極推進人民幣國際化，使二者合二為一同時進行。巴曙松（2005）認為人民幣國際化的實現，應以邊境貿易為突破口，然後培育足夠大的國內金融市場，進而用沒有管制的離岸市場。謝太峰（2006）和魯國強（2008）先後提出人民幣國際化應通過三個步驟來實現：首先，是周邊化；其次，實現人民幣在亞洲區域內的國際化；最後，實現人民幣在全球範圍內的國際化。

(2) 人民幣國際化最新發展

人民幣國際化的最新研究主要集中於跨境貿易人民幣結算和人民幣離岸市場的發展。

首先，跨境貿易人民幣結算在人民幣國際化進程中扮演重要角色。自2009年中國跨境貿易人民幣結算試點啓動以來，先後有174個國家與中國發

生跨境人民幣收付，2015 年大幅躍升到 7.32 億元。開展跨境貿易人民幣結算具有重要的現實意義和長遠意義，不僅有利於減少匯兌成本和避免匯率風險，對於企業層面的財務管理，也會降低其成本，容易計算貿易的收益和成本①。陳瑩（2010）認為開展跨境貿易人民幣結算有助於提升人民幣的國際地位，降低進出口企業的成本與風險。隨著研究的深入，眾多學者發現在跨境貿易中，人民幣結算多是集中於進口而非出口，出現嚴重的「跛足」狀況。李豔豐（2011）認為跨境貿易人民幣結算失衡的實質是單向貨幣替代，人民幣在計價結算功能方面從進口方「單向」地替代美元。作為人民幣輸出的主要渠道，跨境貿易人民幣結算進出口貿易不對稱是市場理性選擇和政府政策導向的結果。她從三個方面分析了中國跨境貿易人民幣結算失衡的原因：一是出口產品差異度，研究結果顯示占中國對外總出口 46.94%的加工貿易出口產品差異化小，出口企業缺乏議價能力，出口企業更多選擇交易貨幣計價，比如美元等；二是貨幣價值的穩定性，人民幣的升值預期，導致境外企業更願意接受人民幣收款，享受人民幣升值以及由此引發的套匯、套利帶來的收益；三是人民幣離岸市場上廣度和深度發展有限，人民幣境外存量較低，造成境外貿易企業獲得人民幣並用於進口支付的難度較大或成本較高②。王信（2011）認為進口人民幣結算較多是由於進口企業使用人民幣結算可以節約匯兌成本，也可能有一些進口企業通過關聯公司在香港套匯、套利。而出口結算較少不僅因為境外人民幣存量少、出口結算還存在政策限制等。雖然王信（2011）也承認套匯、套利是進出口結算失衡的原因，但他並不認為這是主要原因，同時他還認為這種套匯、套利行為是企業出於自身利益的考量，屬於正常現象，而且這種套匯、套利行為也可能是對其他套利行為的替代。何東、馬俊（2011）認為不應高估人民幣升值預期對進出口貿易人民幣結算結構失衡的影響，因為自 2011 年 5 月份以來，人民幣升值預期大幅下降，但跨境貿易人民幣結算量依然保持每月 10%的增長速度。在人民幣貶值預期下，進出口企業開始反向套匯，從而使得出口人民幣結算額增加、進口人民幣結算額下降，使人民幣結算結構趨於平衡（餘永定，2012；張明，2012）。範方志、韓駿（2012）研究了跨境貿易人民幣結算的影響因素，發現資本帳戶管制、貿易結構、進出口產品類型、企業類型和交易對手國對其都有影響。人民幣作為結算貨幣，不僅可以降低中國使用外幣結算過程中的成本。另外，人民幣跨境流出國門也為境外需

---

① 蘇寧. 穩步推進長三角地區跨境貿易人民幣結算 [J]. 中國金融，2010（8）：8-9.
② 李豔豐. 跨境貿易人民幣結算失衡問題研究 [J]. 經濟與管理，2011（10）：54-57.

求者提供了便利。當越來越多的國家使用人民幣結算，說明人民幣離實現國際化也不遠了（武江，2014）。另外，跨境貿易的迅速發展，有利於人民幣的國際儲備地位的提高和離岸金融市場的形成（姚文寬，2015）。

其次，人民幣離岸市場的發展。人民幣離岸市場的迅速發展引起國內學者的關注，紛紛對其發展的意義和進一步完善措施展開了研究。為什麼在中國資本項目尚未完全開放的情況下發展人民幣離岸市場？因為發展人民幣離岸市場有助於推進人民幣國際化（何東，2011）。此外，學術界對於人民幣離岸市場的發展是否可以倒逼國內金融體系改革的意見尚不統一，一部分學者持贊同意見（何東、馬駿，2011；王信，2011），一部分學者持反對意見（餘永定，2011；張斌，2011）。總之，人民幣離岸市場帶給人民幣國際化的利大於弊，發展人民幣離岸市場是在本國金融市場開放度不足情況下，為國際市場提供人民幣流動性與投融資渠道的必要途徑（丁一兵，2016）。因此，進一步促進完善離岸市場是推進人民幣國際化的一個必要措施。在提出進一步發展人民幣離岸市場政策意見之前，有必要對影響其發展的因素進行探討。在人民幣離岸市場建設中，必會或多或少受到政治、經濟、法律法規等方面的影響，此外，在岸市場的發展也會影響離岸市場的建設。目前，中國的金融市場在深度和廣度方面都有所欠缺，這都會阻礙人民幣離岸市場的發展。

以上梳理了國內學者對於人民幣國際化的研究。隨著中國經濟快速發展，綜合國力強盛，人民幣國際地位上升。人民幣國際化問題不僅僅吸引著中國人的目光，世界各國人民都或多或少的關注著人民幣國際化的發展。下面對相關的國外文獻進行綜述。

首先，人民幣國際化現狀。Ito（2010）實證研究發現，人民幣在2005—2008年的匯率波動與新加坡元、林吉特、菲律賓比索和泰銖的匯率或多或少發生了聯動，說明人民幣在亞太地區有著重要影響。Chen和Cheung（2011）認為雖然人民幣在貿易融資和離岸市場方面的使用迅速增長，但與中國經濟規模相比，人民幣的海外使用規模還是微不足道的。Tung等（2012）運用主成分分析方法估算出2009年的人民幣國際化程度指數為0.12%，全球排名18，與美元、歐元、英鎊和日元相比，差距還很大。此外，還有學者從人民幣匯率角度考察人民幣國際化情況。Fratzscher和Mehl（2014）發現，從國際貨幣的匯率錨功能上看，人民幣扮演著亞洲區域性貨幣。

其次，人民幣國際化的條件。Park（2011）認為人民幣要想成為真正的國際貨幣，必須要開放中國國內金融市場，採取浮動匯率制度，實現人民幣的完全可兌換。Eichengreen（2011）認為要實現人民幣國際化，不僅要開放中國的

金融市場，還必須健全和完善相關法律制度，以保障人民幣證券境外持有者的安全。Frankel（2012）認為人民幣在經濟規模以及境內外居民對貨幣的信心這兩方面滿足成為國際貨幣的條件，但是必須通過開放資本帳戶、實行匯率自由化來增加中國金融市場的深度。Chitu 等（2014）也認為實現人民幣國際化的關鍵因素是放開資本帳戶管制、深化匯率改革，建立具有流動性的金融市場。

再次，人民幣國際化面臨的機遇與挑戰。Martellato（2010）認為中國強大的經濟實力和開放的貿易政策使人民幣有潛力成為國際儲備貨幣。Stier 等（2010）認為人民幣離岸市場的建立與迅速發展，將會推進人民幣國際化進程。Glick 和 Hutchison（2013）發現金融危機後，投資者開始把注意力轉向中國，中國相比美國與亞洲主要經濟體之間的股票市場聯動性更強。關於人民幣國際化面臨的挑戰，Gui（2013）認為人民幣的流入和流出不對稱也是人民幣國際化進程中急需解決的問題。而中國沒有一個開放、深入和廣泛的金融市場，這將阻礙人民幣國際化的腳步（Lee，2014）。

最後，人民幣國際化的路徑選擇。Subacchi（2010）認為人民幣國際化目前只能採取雙規策略：一是推動跨境貿易人民幣結算；二是建立離岸市場增加人民幣的吸引力。在這方面的研究，大部分國外學者與國內學者的觀點一致，認為人民幣國際化應該採用可行的區域化路徑，即人民幣先發展成一種亞洲的區域貨幣，再實現在全球範圍內的國際化（Srivastava，2012）。

綜上所述，國外學者們普遍認為人民幣國際化在一些方面已取得了較大進展，但是程度還很低。目前人民幣實現國際化的條件是放開資本帳戶管制，實現人民幣匯率自由浮動和可自由兌換，建立一個完善的金融市場。

1.2.3 人民幣周邊化相關文獻綜述

1.2.3.1 人民幣區域化和周邊化相關概念

（1）貨幣區域化和人民幣區域化定義

在一個區域內，隨著各個國家和地區間的經濟合作和相互依賴關係的加強，使一國貨幣突破國界在範圍更廣的區域內流通，即出現貨幣區域化。張禮卿、孫志嶸（2005）認為：「貨幣區域化通常是指在一個由兩個或兩個以上經濟聯繫比較密切的國家所組成的區域內，有關國家通過加強貨幣金融合作、經濟政策協調乃至某種形式的制度性安排，實行永久性固定匯率安排或採用單一

貨幣的過程。」① 劉力臻、徐奇淵（2006）認為，貨幣的區域化是貨幣國際化的中級階段，當一種貨幣在一個國際區域內替代當地貨幣成為共同使用的貨幣時，該貨幣的國際化便進入了國際區域化的層次，如拉美地區的美元化亦可視為美元的國際區域化；貨幣國際區域化的另一種表現是通過貨幣間的長期合作最終整合為一種新型的統一的國際區域貨幣。②

一方面，根據貨幣區域化的定義，可以看出貨幣區域化是一個地理區域概念，是一國貨幣在地域上由近及遠的擴張過程；另一方面，貨幣區域化可以通過區域內貨幣長期合作，成員國放棄本國貨幣發行權，最終形成統一的區域貨幣。貨幣區域化階段並不是所有貨幣國際化的必經階段，如美元是先實現了國際化之後才開始區域化的進程，在南美地區建立美元貨幣區。

很多學者對人民幣區域化展開了研究。丁一兵、李曉（2006）認為：「所謂的人民幣的亞洲化，是指人民幣通過參與東亞區域貨幣金融領域的制度性合作，爭取成為區域內關鍵貨幣的過程。」③ 賀翔（2007）④ 認為，人民幣區域化是指中國同邊境國家和香港特區政府做出一定的制度安排，引導或推動人民幣在該區域內行使兌換、交易、流通、儲備等職能或採用單一貨幣的過程。邱兆祥（2009）⑤ 提出，人民幣區域化是人民幣在一個地理區域（如東亞、亞洲）行使價值尺度、交易媒介、儲備手段等職能；由於人民幣在資本項目下的不可兌換以及區域內存在日元這種國際貨幣，使得人民幣不可能像美元一樣先實現國際化再開始區域化，人民幣區域化也不可能是人民幣在亞洲區域內的貨幣一體化，而是通過與區域內貨幣的長期合作和競爭成為區域內關鍵貨幣的一個過程。

從以上定義可以看出，由於人民幣本身的限制和亞洲區域特殊的環境，人民幣區域化就是人民幣走出境外，在一定區域內行使國際貨幣職能的一個過程，它是實現人民幣國際化的一個必經階段。

（2）人民幣周邊化的概念

目前，單獨研究人民幣周邊化的文獻比較少，人民幣周邊化並沒有系統的、規範的定義。任傳東（2010）認為：「人民幣周邊化主要是指人民幣在中

---

① 張禮卿，孫志燦．貨幣區域化的收益和代價——兼談人民幣的周邊流通和區域化 [M]．北京：中國財政經濟出版社，2005．
② 劉力臻，徐奇淵．人民幣國際化探討 [M]．北京：人民出版社，2006．
③ 丁一兵，李曉．亞洲的超越 [M]．北京：當代中國出版社，2006．
④ 賀翔．人民幣區域化戰略問題研究 [J]．河南金融管理幹部學院學報，2007，1：55-60．
⑤ 邱兆祥．人民幣區域化問題研究 [M]．北京：光明日報出版社，2009．

國邊境貿易和邊境旅遊中成為計價和結算貨幣，能夠在一定範圍內為相關國家和地區所接受，可以自由流動。」① 楊榮海（2011）② 認為，人民幣的周邊化是人民幣進入周邊國家的金融中心，成為其主要儲備貨幣的過程，需要周邊國家在與中國展開貨物貿易、服務貿易以及資金流動過程中，把人民幣視為這一區域中的一個「貨幣錨」。人民幣周邊化是人民幣國際化關鍵的第一步，關於人民幣周邊化的推進機制，必將是與中國內地經濟有往來的中國香港地區、中國澳門地區、東盟、南亞和東北亞等地區來展開，沿著計價、結算和儲備的模式來逐步推進。

本書研究的人民幣周邊化，即人民幣周邊國際化，是以特定的一個「區域」，即以中國周邊區域為研究對象，考察人民幣是否行使國際貨幣職能。因此，本書研究的人民幣周邊化本質上仍是對人民幣區域化、國際化的研究，或者說根據研究對象的選取，人民幣周邊化是人民幣區域化研究的一個特例。根據人民幣區域化的定義，人民幣周邊化是指人民幣在中國周邊區域內行使價值尺度、交易媒介、儲備手段等國際貨幣職能，在區域內金融、貿易中發揮其關鍵貨幣的職能。

人民幣周邊化、區域化是需要用戰略眼光同步推進的。通過推動人民幣周邊化、區域化，逐步提高人民幣在周邊區域、亞洲區域乃至整個世界貨幣體系中的地位，從而逐步完成國際化道路。

1.2.3.2 人民幣周邊化研究現狀

目前，國內學者對人民幣周邊化的研究多是集中於人民幣在周邊國家的流通規模和範圍。要研究人民幣的境外流通能力，首先要確定人民幣境外流通的規模。目前，人們常用的估算方法有兩種，即直接估計和缺口估計兩種方法。

直接估計法是人們普遍採用的簡單方法，從事相關研究的人員及中國人民銀行一般都採用這種方法來進行估算。為了更好地表達直接估算法的原理，我們採用一些符號來表示在一定時期內人民幣流出和回流的途徑，假設：E_1 代表邊境貿易支出；E_2 代表境外投資支出；E_3 代表出境旅遊消費或探親支出；E_4 代表非法交易流出量，如走私等；E_5 代表地下匯兌；I_1 代表貿易流入；I_2 代表投資流入；I_3 代表入境旅遊；I_4 代表非法交易；I_5 代表通過銀行體系的回流。境外人民幣現金存量 Q 為流出與回流之差，可以通過如下公式得出該時

---

① 任傳東. 略談人民幣周邊化、區域化 [J]. 區域金融研究，2010，2：37-39.
② 楊榮海. 人民幣周邊化與東盟國家「貨幣錨」調整的效應分析 [J]. 國際貿易問題，2011，3：61-68.

期內的人民幣境外存量 Q[①]：

$$Q = \sum_{i=1}^{5} E_i - \sum_{j=1}^{5} I_j = (E_1 + E_2 + E_3 + E_4 + E_5) - (I_1 + I_2 + I_3 + I_4 + I_5)$$
(1.1)

　　從式1.1中可以看出，直接估算法簡單易計算，如 E_3 和 I_3，可以按照相關規定的安排對這一時期每人攜帶的人民幣數量進行估計，再乘以該期間內的出入境人數即可。但是，這種方法也存在著明顯缺陷。在當前制度不健全的情況下，人民幣跨境流通的渠道多種多樣，不能精確地統計數量，只能大致估算，而估算結果又會因人而異，如地下匯兌、地下交易量等非法交易的數據，會根據計算人不同的意見得到不同的數據，最終導致計算結果的差異。據中國人民銀行調查統計司的調查結果，2004年人民幣現金流通額為7,713億元，流出與流入額分別是3,906億元和3,807億元，淨流出99億元。截至2014年年末，與中國周邊接壤國家和港澳臺地區的人民幣現金存量達216億元，比2001年增多了34億元。

　　缺口估計法是孫東升（2008）在其《人民幣跨境流通的理論與實證分析》一書中提出的。他以凱恩斯的流動性偏好理論和弗里德曼的現代貨幣數量論為依據，構建了 $M=f$（規模變量；機會成本變量；制度變量；其他變量）的貨幣需求函數。他認為在人民幣不外流的情況下，國內貨幣供給總量應該完全等於其國內的需求量，而國內貨幣需求量取決於一些經濟變量，如國內生產總值、國內物價水準等因素，並且國內貨幣需求量與這些經濟因素之間的對應關係在一定時期內是比較穩定的。當人民幣發生外流時，國內貨幣需求量和境外人民幣需求量加總即可得到人民幣貨幣供應量。由於國內貨幣需求量和前期數據有比較穩定的關係，我們可以根據前期數據建立模型推算出未來的國內貨幣需求量。推算出的需求量值與實際的供應量之間的差值即為境外人民幣數量。王崢（2015）利用缺口估計的方法，通過對1992—2002年的季度樣本數據進行協整分析構建中國貨幣需求函數模型，對2003—2014年的季度人民幣跨境流通規模進行了測算。結果顯示，人民幣境外存量平均值在2011年達到歷史最大值，高達979.25億元，到2014年回落至547.32億元。缺口估計方法在推斷人民幣國內需求時選擇的變量會結合中國的國情、參考經濟體制變革和經濟發展程度等因素，因此最後的估計結果相對直接估計法更具有可信性。但是，這種方法存在兩個問題：一是沒解決直接估計方法中不可獲得的統計變量；二

---

　　① 孫東升.人民幣跨境流通的理論與實證分析［M］.北京：對外經濟貿易大學出版社，2008.

是關於貨幣需求的計算方面至今還存在著很多的爭議。因為影響貨幣需求的因素多而雜,所以用間接估計法準確地計算出人民幣跨境流通的數量也是比較困難的。

從以上的兩種方法來看,兩者雖然各自有著自己的優勢,但都不能準確地計算出人民幣境外的流通量。並且這兩種方法計算的都是中國境外的所有流通量,並不能據此估算周邊國家和地區的人民幣流通量,因此,很多學者嘗試對周邊國家和地區進行單獨分析。

首先,分析人民幣在東南亞國家的流通。第一,越南。中國與越南邊貿成交額中人民幣結算已達90%以上。截至2010年年末,越南內的人民幣存量規模達到55億元。第二,緬甸。人民幣在緬甸有「小美元」之稱,人民幣被當作硬通貨使用,流通較廣泛。第三,老撾。梁晶晶(2015)對人民幣在東盟國家的流通情況進行了探析,發現每年都有上百億的人民幣在老撾境內流通。第四,柬埔寨。中國銀行金邊分行成為柬埔寨政府批准的跨境人民幣清算銀行,截至2015年上半年,金邊分行共辦理人民幣清算業務346億元,同比增長200%。第五,泰國。泰國是中國雲南省第三大貿易夥伴。2011年泰國與雲南全年跨境人民幣結算量為1,907.68萬元①。第六,新加坡。新加坡是人民幣離岸金融中心,對人民幣基本不加以限制②。此外,人民幣在馬來西亞、印度尼西亞和菲律賓等東南亞國家,都有一定的流通規模。

其次,分析人民幣在東北亞國家的流通。第一,俄羅斯。2014年,中俄兩國貿易額增長了6.8%,達到952.8億美元。由於盧布是可兌換貨幣,俄羅斯在中俄貿易結算中主要以盧布結算。第二,蒙古。人民幣在蒙古流通自由,可以與美元相媲美,並且可以在蒙古境內辦理人民幣貸款業務。第三,朝鮮。人民幣在朝鮮境內已成為硬通貨,人民幣成為朝鮮貿易結算的首選幣種(林曉林,2016)。朝鮮國內市場多以人民幣進行結算,在朝鮮民間持有人民幣數額巨大。

最後,分析中亞地區。據中國人民銀行調查分析,哈薩克斯坦和吉爾吉斯斯坦等中亞國家人民幣流通總量有12億左右。

綜上所述,人民幣周邊化已經引起了學術界較大的關注。但是很多問題的研究還處於初始階段。具體表現為:第一,關於人民幣周邊化的研究比較零碎,沒有呈現出系統化,本書試圖把現有關於人民幣周邊化的研究融合在一

---

① 林非嬌.雲南省對泰國跨境人民幣結算現狀淺析[J].時代金融.2012(11):153-154.
② 布仁吉日嘎拉.人民幣區域化問題研究[D].北京:中央民族大學,2010.

起，對人民幣周邊化進行詳細系統的研究。第二，在人民幣周邊化現狀分析方面，學者們雖然給出了人民幣在周邊國家具體的流量與存量值，但大都通過調查等方法估算，精確度不高。本書在研究人民幣周邊化現狀時，利用官方統計數據從貿易人民幣結算、金融交易和貨幣互換以及周邊區域內人民幣錨地位的研究等四個方面來講述。第三，本書不僅對人民幣周邊化的現狀給予分析，同時還分析了促進人民幣周邊化的有利因素和人民幣周邊化過程中可能遇到的問題，並在此基礎上為人民幣周邊化的進一步發展，提出一些政策建議。

1.3 研究方法及內容框架

本書主要採用文獻資料法、理論與實證相結合、定量分析與定性分析相結合的研究方法，對人民幣周邊化進行系統研究，試圖為人民幣周邊化的推進獻出一份力量。本書充分利用學校圖書館以及互聯網資源，查找大量文獻，並對文獻進行歸納和分類。本書的數據主要來源於《中國統計年鑒》，以及中國人民銀行、世界銀行、國際貨幣基金組織等發布的數據。本書主要運用最優貨幣區理論、貨幣替代理論、計價貨幣選擇等理論。在實證方面，本書主要對人民幣在周邊區域內的貨幣錨進行檢驗。

本書包含七章：

第一章是緒論。主要闡明本書的選題背景及研究意義，綜述國內外相關文獻，並介紹本研究的框架、創新和不足。

第二章是人民幣周邊化的理論基礎。本章主要從純理論的角度闡述一些關鍵性的西方貨幣理論。歐元區作為最優貨幣區理論成功的典型代表，為貨幣國際化開闢了一個新的路徑選擇，即通過區域貨幣合作，利用集體的力量，推進一國貨幣的國際化。在貨幣國際化的過程中，必然會出現一種貨幣對另一種貨幣的替代，即貨幣替代；貿易結算貨幣是一國貨幣走向國際化在職能上第一階段的轉變，但在國際貿易中，結算貨幣是根據什麼決定，即計價貨幣選擇理論。

第三章是人民幣周邊化的動力機制。本章主要介紹人民幣周邊化的有利因素與優勢。首先，中國強大的經濟實力為人民幣周邊化的發展奠定了經濟基礎。本章主要從中國的經濟總量及經濟增長率、人民幣幣值的穩定和巨額的貿易順差以及充足的外匯儲備等三個方面加以考察中國綜合的經濟實力。其次，中國與周邊國家在經濟方面有比較大的聯繫。本章主要通過計算中國與周邊國

家和地區的貿易強度指數、中國對周邊國家的投資額變化、周邊自貿區建設等三個方面考察中國與周邊經濟體在貿易、投資等方面的聯繫。再次，人民幣離岸市場的迅速發展為人民幣流出國門提供了條件與支持。最後，考察了「一帶一路」倡議的實施和亞洲基礎設施投資銀行的成立對人民幣周邊化的助推作用。

第四章是人民幣周邊化的現狀分析。國際貨幣有三種職能，即計價、結算與儲藏。本章通過跨境貿易人民幣結算、金融交易、人民幣的錨地位以及人民幣在儲備職能上的表現來探討人民幣周邊化的情況。在人民幣跨境貿易結算方面，重點考察了邊境貿易的人民幣計價和結算。在人民幣在周邊區域內的金融交易方面，考察了人民幣對外直接投資、人民幣債券的發行、人民幣合格境外機構投資者以及人民幣與外幣的直接交易等情況。

第五章是人民幣周邊化的抑制因素。本章主要探討人民幣周邊化過程中遇到的問題以及阻礙。

第六章是政策建議。本章主要是結合人民幣周邊化的現狀以及影響因素，研究擴大人民幣在周邊國家和地區的流通範圍和規模的條件，為實現人民幣在周邊區域內的國際化給出相應的政策建議。中國強大的經濟實力是人民幣周邊化的經濟基礎，要推動人民幣周邊化的發展，應保持中國經濟的快速發展，穩固並提高人民幣在周邊國家影響力，擴大人民幣的流通規模；要實現人民幣周邊化，就要進一步加強中國與周邊經濟體的經濟聯繫，擴大區域經濟貨幣金融合作，實現共同發展。一國貨幣國際化離不開離岸市場的支撐，在推動人民幣周邊化過程中，要利用香港人民幣離岸中心的功能，更要進一步推進和完善人民幣離岸中心的建設。人民幣在周邊化進程中遇到的問題歸根於中國金融市場的不健全，這就要求中國繼續推進金融市場改革，逐步實現資本帳戶開放，以便實現人民幣的可自由兌換。

第七章是結論與展望。對本書的研究內容和結果進行梳理，並對下一步可進行的研究進行展望。

1.4　創新與不足

本書可能的創新點主要有以下幾點：

第一，研究對象的選取，本書以中國大陸周邊 26 個國家和地區為研究對象，對人民幣周邊化進行研究。目前，主要從人民幣國際化和區域化來研究人

民幣相關問題。「人民幣周邊化」這個詞多是出現在人民幣國際化路徑選擇方面的文獻裡，並在其中被一帶而過，而沒有對此進行詳細的解釋。對於人民幣區域化方面的研究，大量文獻的研究對象集中於東亞、東盟、兩岸四地或中亞等區域中的一個或兩個，而沒有把中國周邊所有的區域放在一起進行研究。本書在現有文獻的基礎上，結合其研究方法，擴大其研究範圍，對人民幣周邊化進行系統研究：

第二，詳細介紹了中國與周邊經濟體的貿易聯繫與投資往來；

第三，分析了人民幣在周邊區域內的金融交易，檢驗人民幣在金融產品方面的計價和結算情況；

第四，檢驗人民幣是否成為周邊區域內的錨貨幣，為人民幣周邊化的現狀提供實證分析；

第五，本書結合中國自身的優勢、人民幣周邊化過程中遇到的問題等為人民幣進一步走出國門實現國際化提供政策建議。

本書存在的不足：首先，論文研究的內容和深度存在局限性。本書主要致力於研究人民幣周邊化的現狀和影響因素，但是人民幣周邊化研究包含很多方面的內容，不僅僅是本書所論述的方面。因此，在研究內容方面具有一定的局限性。同時，由於個人能力以及搜集到的數據有限，研究深度需進一步提高，需要以後不斷補充和完善。其次，由於人民幣周邊化步伐剛剛加快，許多政策建議需要通過實踐進行檢驗，所以對人民幣周邊化提出的具體政策建議分析有待進一步完善。

2 人民幣周邊化的基礎理論分析

　　一國貨幣在國際化進程中，必然會在本幣發行國之外的其他國家和地區執行部分或全部的貨幣職能，這就導致出現本幣替代其他國家一部分貨幣的現象，即貨幣替代。但這種現象是怎麼發生的，又有哪些因素可以影響貨幣替代的發生呢？從貨幣職能的角度來看貨幣國際化，一國貨幣只有先成為計價和交易貨幣，才能成為更高層次的投資和儲備貨幣，所以，對於國際貿易中計價貨幣的選擇至關重要。但計價貨幣是根據什麼來選擇的呢？根據第一章的文獻綜述可知，一國貨幣國際化的路徑既可以選擇英鎊、美元式的直接國際化模式，也可以選擇先實現區域貨幣一體化再實現國際化的歐元模式，那麼，如何實現區域貨幣一體化呢？針對上述問題，本書選擇貨幣替代理論、計價貨幣選擇理論和區域貨幣合作理論作為本書的基礎理論支撐。

2.1　貨幣替代理論

　　在歷史的長河中，貨幣替代現象很早就出現了。16世紀，在金銀復本位制情況下，金和銀在市場上同時流通，兩者之間按照法定的價值比率可以互相兌換。金銀本身是有價值的，並且他們的價值會發生變動。例如，如果銀的開採成本突然減低了，銀的價值就會變低，這時金銀之間的兌換率仍然不變的話，人們就會用銀去兌換金，並把價值相對高的金幣儲藏起來，結果導致市場上流通只剩下銀幣，這就是所謂的「劣幣驅逐良幣法則」。但是，在現在的信用貨幣國際體系下，出現了相反的現象，即信用好的貨幣即「良幣」將會取代信用差的貨幣即「劣幣」，這就是本書所要闡述的貨幣替代理論。

2.1.1　貨幣替代的含義

　　1969年，美國經濟學家卡魯潘·切提發表的《關於對近代貨幣的衡量》

一文中提出了「貨幣替代」，這是貨幣替代一詞第一次出現。所謂的貨幣替代是指在開放經濟和貨幣可兌換前提下，外幣在職能上部分或全部替代本幣。貨幣替代有狹義和廣義之分，狹義的貨幣替代是指不生息的本外幣之間的替代；廣義的貨幣替代還包括生息的本外幣之間的替代。貨幣替代包括正向替代和反向替代，即以 A 國為例，A 國的貨幣隨著 A 國經濟的強大會替代其他國家的貨幣，這對 A 國而言，就是正向替代，如果 A 國貨幣被其他國家的貨幣替代，對 A 國而言就是反向替代。一般來說，在一個開放國家的經濟系統內，正向替代和反向替代都會存在，並且這兩種現象會對本國產生不同的影響。麥金農認為貨幣替代包括直接替代和間接替代兩種。其中，直接替代是指在同一經濟區域內，存在兩種或多種都可作為支付手段的貨幣，並且這些貨幣之間可以無成本的自由兌換，在進行商品交易支付時，這兩種或多種貨幣之間會出現競爭的現象。間接貨幣替代指經濟主體持有不同的非貨幣類金融資產，資產持有者會為了規避風險實現盈利最大化或其他原因對手裡的多幣種金融資產重新組合分配持有量，持有量的變化導致本國和外國貨幣需求的變化，從而間接引起貨幣替代的發生。

2.1.2　典型的貨幣替代理論模型

20 世紀 70 年代，自卡魯潘·切提最早提出「貨幣替代」的概念之後，西方經濟學家使用不同的方法研究貨幣替代，先後出現了具有代表性的馬可·邁爾斯（1978）的「貨幣服務的生產函數理論」、戴維·金（1978）的「貨幣需求的資產組合理論」、麥克·波爾多和伊森·喬瑞（1982）的「貨幣需求的邊際效用函數」和施蒂芬·波羅茲（1986）的「貨幣的預防需求理論」等理論研究。

2.1.2.1　貨幣服務的生產函數理論

邁爾斯 1978 年在《貨幣替代、浮動匯率和貨幣獨立性》一文中提出，貨幣的服務性功能是人們持有貨幣的動因。因此，對於資產持有人而言，他所追求的就是取得最大化的貨幣服務功能。在追求最大化的貨幣服務功能過程中，貨幣持有人在其相應的資產約束下，會根據本外幣的收益、成本變化調整手中所持有的本外幣數量，進而產生貨幣替代。

貨幣服務函數的具體形式是：

$$\log(M/EM^*) = 1/(1+\rho)\log(\alpha/\alpha^*) + 1/(1+\rho)\log[(1+i^*)/(1+i)] \tag{2.1}$$

其中，M 和 M^* 分別是本外幣的名義持有量，E 是直接標價法的名義匯率，

α、α^*和i、i^*分別表示持有本外幣的相對收益和機會成本。從2.1式可知,當$log(M/EM^*)$比值變小時,相對於外幣持有量而言,本幣持有量下降,因此產生外幣替代本幣現象。當α小於α^*時,即持有本幣的相對收益較低時,人們會選擇持有具有能提供較高的貨幣服務權重的貨幣,即人們會增持外幣,在相應的資產約束條件下,人們將會減持本幣,從而導致外幣對本幣的替代。當i^*降低時,即外幣利率下降,持有外幣的機會成本就會降低,此時,人們同樣會選擇增持外幣減持本幣,進而導致外幣替代本幣。

2.1.2.2 貨幣需求的資產組合理論

20世紀80年代初,以戴維·金為代表人物的學者們提出了貨幣需求的資產組合理論。他們認為,貨幣是一種資產,為了保護資產價值,居民會動態調整持有的本外幣比例,導致出現貨幣替代現象。該理論進一步考慮了收入、持幣的機會成本、風險因素,認為貨幣替代現象是在資本完全流動狀態下的資產最優組合問題。建立在該理論基礎上的貨幣需求函數為:

$$M/P = Ff(y, i, \mu) \qquad (2.2)$$

其中,2.2式中,M表示本國貨幣餘額,P代表國內價格,y表示本國居民的永久性收入,i表示利率,μ是隨機擾動因素,表示持幣的各種風險因素,函數$f(y, i, \mu)$代表本國居民對貨幣服務的需求函數,而F是本幣所能提供的貨幣服務的比率。F值的決定因素就成為該理論貨幣需求函數的核心內容之一。因為,確定F值就可以知道本外幣餘額在整個資產組合中的相對比例,繼而可以確定該國的貨幣替代程度。

2.1.2.3 貨幣需求的邊際效用函數

1982年,美國學者麥克·波爾多和伊森·喬瑞提出了貨幣需求的邊際效用函數。這是在貨幣的生產函數理論基礎進行改進提出的一個新理論。該理論認為,除了擁有貨幣的服務性功能,人們持有貨幣的目的更多的為了貨幣可以用來交易和支付。即貨幣邊際效用函數理論認為人們對貨幣的需求源自人們的交易動機。基於消費者持幣效用最大化的假設,他們修正了馬可·邁爾斯的貨幣需求函數模型,提出了新的貨幣需求函數為:

$$logM = \alpha_1 + \alpha_2 logy + \alpha_3 i + \alpha_4 i^* \qquad (2.3)$$

$$logEM^* = \beta_1 + \beta_2 logy + \beta_3 i + \beta_4 i^* \qquad (2.4)$$

將公式2.3與公式2.4相減,可以得到:

$$log(M/EM^*) = \rho_1 + \rho_2 logy + \rho_3 i + \rho_4 (i^* - i) \qquad (2.5)$$

其中,$\rho_1 = \alpha_1 - \beta_1$,$\rho_2 = \alpha_2 - \beta_2$,$\rho_3 = \alpha_3 - \beta_3 + \alpha_4 - \beta_4$,$\rho_4 = \alpha_4 - \beta_4$

從公式2.5中可以看出,麥克·波爾多和伊森·喬瑞認為國民收入、本國

的利率水準,以及外國和本國的利率差等因素都可以影響本外幣之間的替代。

2.1.3 貨幣替代理論的影響因素

如果人們持有多幣種的貨幣資產,並且不同幣種之間可以自由兌換,那麼根據以上介紹的幾種貨幣替代理論可知,當利率、匯率、通脹率、預期收益率等因素發生變動時,人們為了盈利最大化,會隨時調整持有的多幣種資產結構,進而導致貨幣替代的發生。相關的因素主要有:

(1) 宏觀經濟因素

首先,利率是持有一國貨幣的機會成本,機會成本較低的貨幣更受人們青睞。相對於本幣利率來說,外幣利率較低的時候意味著持有外幣的機會成本低,因此,本國居民更願意持有更多外幣。其次,匯率也是影響貨幣替代的一個重要因素,當外幣升值時,人們出於保護自身資產價值的穩定,會選擇持有更多外幣,進而會發生貨幣替代。通貨膨脹率會影響居民對貨幣的信心,當本國通脹率一直持高不下時,人們會對其失去信心,選擇持有更多的外幣,進而引起貨幣替代。

(2) 規模因素

規模因素主要是指衡量一國總體經濟因素的指標,例如 GNP、對外貿易額等。在邊際進出口傾向穩定的前提下,一國國民收入水準越高,居民的消費能力越強,居民對國內外產品的需求就會越多,引起國際貿易量的增大,在此過程中,會引起本國和外國之間貨幣的替代。國民財富總量主要從資產組成結構方面影響貨幣替代。居民擁有的財富總量越大,持有的貨幣資產幣種越多,這樣貨幣替代的頻率會越大。

(3) 制度因素

制度因素主要包含可以引起交易成本差異的經濟體制、匯率制度等。以匯率制度為例,在固定匯率制度下,貨幣當局為了維持本國匯率的穩定,就會動用外匯儲備,這樣就會遭受到其他經濟體高通貨膨脹的衝擊,導致大規模的貨幣替代。同時,在浮動匯率制度下,持有多幣種資產的居民為了實現自身利益的最大化,會根據各個幣種匯率的變化而頻繁調整各種貨幣資產的持有量,進而引起貨幣替代。

(4) 收益率與風險因素

居民持有多元幣種資產是為了盈利,在進行多幣種資產組合時,會增持收益率高的貨幣,減持收益率低的貨幣。同樣,當一國政局動盪、本幣匯率頻繁波動和經濟發展萎靡不振時,本國居民對本幣的信心下降時,為了規避風險,

資產持有者就會增持外幣，降低本幣的持有量，進而發生貨幣替代。

2.2　計價貨幣選擇理論

在國際貿易中，由於一國貨幣國際化的基礎就是其先成為國際貿易中的計價結算貨幣，所以「選擇哪種貨幣作為標價和結算貨幣」一直是人們在研究和實踐中關注的焦點。關於計價貨幣的選擇，國內外學者們從不同的角度總結出了相關的貨幣選擇理論。

2.2.1　格拉斯曼法則

瑞典經濟學家格拉斯曼（Grassman）通過觀察瑞典等國國際貿易中使用的計價貨幣，發現發生在工業國之間的商品貿易，計價結算貨幣大多選擇出口國家的貨幣。而進口國貨幣計價、第三國貨幣計價占很小的一個比重。格拉斯曼通過對瑞典1968年進出口數據的分析，發現瑞典66%的出口都是以瑞典克朗計價，出口以美元計價的只占12%，而只有26%的進口以克朗計價。因此，在國際貿易中，交易雙方一般傾向於選擇出口企業的國家貨幣作為交易媒介和計價單位，這就是著名的格拉斯曼法則。關於格拉斯曼法則，貝爾森（Bilson）① 在1983年通過建立雙邊貿易模型試圖對其做出理論解釋，發現由於出口國家的貨幣在無形中對出口商品進行了套期保值，進出口商同意使用出口國貨幣結算。

但隨著世界經濟的發展，國際貿易發生範圍不斷擴大，發生在發展中國家和發達國家之間、發展中國家之間的貿易量迅速增加。此時，格拉斯曼法則受到了挑戰，在發展中國家與發達國家貿易中，無論是出口還是進口，計價貨幣一般都是採用發達國家的貨幣；而發生在發展中國家之間的貿易，計價貨幣既不會選擇出口國家的貨幣也不會選擇進口國家的貨幣，大多會選擇第三方國家貨幣來進行結算。鑒於此種現象，Tavlas 和 Ozeki（1992）總結了兩條規律：第一，出口國的貨幣經常用來標價發達國家之間工業製成品的貿易；第二，發達國家的貨幣經常用來標價發展中國家與發達國家之間的貿易，而發展中國家之間的貿易則選擇第三方國家的貨幣。

---

① BILSON, J F O. The Choice of An Invoice Currency in International Transactions, Bhandari, J., Putnam, B., eds. Interdependence and Flexible Exchange Rates [M]. Cambridge: MIT Press, 1983.

2.2.2 一些相關研究

Bilson（1983）建立了一種出口商和進口商計價貨幣選擇方面的「雙邊討價還價」模型，主要研究進出口雙方為什麼要選擇出口方國家的貨幣作為計價貨幣。根據 Hartmann（1996）的研究，兩個因素決定了貿易中計價貨幣的選擇——交易成本和可接受性。外匯市場上成本越低的貨幣越有可能成為貿易中的計價貨幣。另外，一種貨幣在交易中的接受度越高，越可能作為貿易計價貨幣。低交易成本和高可接受度是相互支撐的關係，一種貨幣的可接受度越高，交易成本就越低；交易成本越低，可接受性則越高①。

Bacchetta 和 Wincoop（2002）運用局部均衡分析的方法研究了在壟斷競爭和寡頭競爭環境下廠商對計價貨幣的選擇問題，比較了不同的計價貨幣對廠商利潤的影響，隨後又將局部均衡模型擴展成一個兩國的一般均衡模型，並分析了在剛性實際工資、剛性名義工資、隨機實際工資等情況下廠商貿易計價貨幣的選擇問題。他們的研究結果表明，當存在第三方國家貨幣可以作為計價貨幣時，計價貨幣一般在本國貨幣和第三方國家貨幣之間進行選擇，哪種貨幣的匯率波動小，就選該貨幣作為計價貨幣。Fukuda 和 Ono（2004）對 Bacchetta 和 Wincoop 的局部均衡模型進行擴展，研究發展中國家貿易的計價貨幣選擇問題，發現在發展中國家，產品差異度小，出口廠商會隨著競爭者使用第三國貨幣作為計價貨幣也選擇使用第三方貨幣，當雙方合作失敗時，第三國貨幣會成為均衡計價貨幣。②

2.3 區域貨幣合作理論

隨著國際經濟貿易的迅速發展，貨幣問題日益成為人們關注的對象。國際區域貨幣合作理論既來自實踐的需要又經歷著實踐的檢驗，發展至今已歷時四個世紀有餘。

---

① HARTMANN. The Future of the Euro as an International Currency: A Transactions Perspective [R]. London School of Economics Financial Markets Group Special Papers, 1996.

② SHINICHI F S, ONO M. The Choice of Invoice Currency under Uncertainty: Theory and Evidence from Korea [R]. CIRJE Discussion Paper, 2004.

2.3.1 國際區域貨幣合作理論的產生

16世紀，商品經濟日漸擴大，由於地區之間貨幣不統一，限制了商品生產和交換的進一步擴大。人們在經濟交往中渴望統一貨幣的願望促使了早期國際區域貨幣合作思想的產生。後來隨著商品經濟的加速發展，貨幣兌換的不穩定和國際儲備的矛盾性不斷顯現，理論界對此的認識也逐步深入。

首先，早期的共同貨幣思想。伴隨著資本主義工業革命後國際分工的發展和國際貿易的廣泛進行，克服貿易交往貨幣兌換等帶來的不便，尋找不同國家所普遍接受的支付和結算手段，開始成為經濟學家和各國政要們關注的問題。從19世紀到20世紀上半葉，國際上尋求貨幣協調合作乃至共同貨幣的探索，產生了諸如馬克思等許多具有影響力的貨幣思想。根據馬克思的觀點，在貨幣的五項職能中，世界貨幣是貨幣具有的國際職能，在國際商品流通中充當一般等價物。

其次，凱恩斯的國際貨幣協調思想。凱恩斯是20世紀共同貨幣理論的重要奠基人。其共同貨幣理論主要反應在其提出的《關於國際清算聯盟的建議》。該建議的核心是建立一個超國籍的中央銀行「國際清算聯盟」，推出國際貨幣——班柯，並以此為中心形成貨幣聯盟。凱恩斯的主見對當時乃至於當代重大的國際貨幣合作和貨幣改革都起到了非常重要的影響作用。

此後，Meade（1951）、Cooper（1968）等先後對貨幣政策國際協調進行了研究。前者認為，國家之間在宏觀經濟政策上的衝突問題是無法避免的，需要各國協調政策加以解決[1]。後者則進一步從理論上指出國際間進行政策協調的必要性，並認為一國的貨幣政策具有溢出效應（Spill-over Effect），即除了會影響本國經濟運行，也會影響到其他國家[2]。因此在開放經濟條件下，各國若是期望得到較為理想的實施效果，在制定貨幣政策時不得不考慮國際間的協調。

布雷頓森林體系崩潰後，Obstfeld 和 Rogoff（2000，2002），Corsetti 和 Pesenti（2001，2005）等基於 Hamada（1974，1979）、Canzoneri 和 Gray（1985）等學者建立的第一代描述國際貨幣政策協調的博弈模型的基礎，在新開放經濟的宏觀經濟學理論框架下提出了新一代的政策協調模型。他們雖然認可進行國際貨幣政

---

[1] MEADE J E. The Theory of International Economic Policy [M]. London: Oxford University Press, 1951.

[2] COOPER R. The Economics of Interdependence [M]. New York: McGraw-Hill, 1968.

策協調可能會增進社會福利，但卻指出這種福利增加在數量上是很有限的①。

2.3.2 最優貨幣區理論

在長期的歷史演進過程中，不同的國際區域根據它們各自的情況和特徵，形成了多種不同的貨幣合作模式，大致可以分為強制型貨幣合作模式和協議型貨幣合作模式兩大類。單一貨幣聯盟作為協議型貨幣合作模式的一種模式，主要是指區域內成員國從法律上承諾放棄本國主權貨幣的發行，而由聯盟內各國公認的超國家機構在區域內發行使用單一貨幣，並實行統一的貨幣政策的貨幣合作形式。最優貨幣區理論被認為是該模式最重要的理論基礎，最早由蒙代爾和麥金農於1960年代提出。歐元區的建立是最優貨幣區理論的最佳實踐。歐洲貨幣一體化由最初的歐洲支付同盟，歐洲貨幣協定，歐洲貨幣體系以及共同市場的建立，到貨幣聯盟直至最終形成共同貨幣區，是各成員國相互協調合作的產物。在這個艱難的過程中，各成員國的貿易往來增多，交易成本降低，要素廣泛流動、產品和服務充分流通。

最優貨幣區（Optimal Currency Areas，簡稱OCA）這一概念是美國經濟學家羅伯特·蒙代爾（Robert Mundell）1961年在其論文中提出的，是指存在一個最優區域分界，在區域內維持固定匯率，而對區域外的國家保持浮動匯率。隨後麥金農、凱南、英格拉姆、哈伯勒和弗萊明等經濟學家分別對此理論進行修正、補充和完善，闡明了組成最優貨幣區應具備的條件。早期的OCA理論內容多集中於最優貨幣區標準以及組建最優貨幣區能帶來哪些成本和收益。20世紀90年代以來，一些學者試圖將最優貨幣區的標準和可能帶來的成本與收益融合起來探討，即建立一般均衡模型，Frankel和Rose（1998）提出了OCA理論的「內生性假定」。

2.3.2.1 早期的最優貨幣區理論

早期OCA理論研究主要集中在哪些因素會影響一個國家匯率制度的選擇，以及哪些條件可以使固定的匯率制度成為合理的匯率制度選擇。蒙代爾、英格拉姆、麥金農和凱南等人從要素的流動性、經濟的開放性以及貿易的多元性等幾個方面探討最優貨幣區的標準。隨後，學者們又從影響加入最優貨幣區的成本收益方面的因素著手，進一步拓展了最優貨幣區理論的內容。

最優貨幣區的標準，是指成為最優貨幣區的合作成員國需要具備的條件。

---

① 刁節文. 國際貨幣政策協調：實踐進展及中國的選擇 [J]. 上海立信會計學院學報，2006（4）：66-71.

早期的條件主要包括：

(1) 要素流動性

羅伯特·蒙代爾指出，需求轉移會導致國際收支失衡，而這種失衡可以通過兩個國家的匯率調整或生產要素在兩國間的流動來調節。如果國家間存在很高的勞動力流動性，則可以通過勞動力在不同國家間的轉移來代替匯率調整以實現國際收支平衡。英格拉姆認為在減少成本的同時，也能實現國家間供需的調節，進而恢復國際收支平衡，這同樣可以降低匯率調整的必要性。

(2) 經濟開放度

麥金農把經濟中的社會產品分為可以貿易的和不可以貿易的兩大類。其中可貿易產品占社會總產品的比重就是該國的貿易開放度。麥金農指出，貿易開放度越大的國家通過匯率調整改變其經濟競爭力的效果越小，這是因為國內價格的變動削弱了匯率調整的功效；則開放度越高的國家越適宜固定匯率制度。

(3) 產品多樣性標準

凱南（Peter Kenen）認為，國際收支失衡主要是由宏觀經濟需求失調引起的。一個產品相當多樣化的國家，其國內的產品出口種類必然也是多種多樣的。當世界對其某種產品的需求下降時，相比產品多樣化低的國家，該國在固定匯率制度下受到的衝擊將會小很多。因為產品多樣化越高的國家，其中的一種出口產品在整體出口中所占的比例就越低，該國對該出口產品的需求降低就不會對國內的經濟產生太大的影響。反之，若是一國的出口產品種類很少，那世界對其中一種產品的需求降低時，將會嚴重影響其國內的經濟，導致大量的失業。因此，高程度出口產品多樣性能夠對外部衝擊產生平均化效果，即對不同出口商品的不同衝擊會相互抵消從而使出口收益相對穩定，也就是說產品多樣化程度很高的國家不需要經常調整匯率來維持國際收支平衡，其可以承受固定匯率帶來的後果，因此，產品多樣化程度高的國家適宜組成最優貨幣區。

(4) 通貨膨脹相似程度標準

哈伯勒（1970）和弗萊明（1971）認為可以用通貨膨脹相似程度來確定最優通貨區。他們認為，在通貨膨脹率趨勢一致的區域更容易形成最優貨幣區。

(5) 金融一體化

1973年，詹姆斯·英格拉姆提出以金融的高度一體化作為最優貨幣區的一個標準。他認為在國際金融市場高度一體化的區域內，一國國際收支失衡，即使微小的利率變化也會導致資本大規模移動，進而使國際收支恢復平衡，避免匯率較大波動。

2.3.2.2 最優貨幣區理論的新發展

20世紀90年代以來，歐洲經濟貨幣聯盟的發展使最優貨幣區理論和實證研究得以發展。在過去的15~20年裡，所有的最優貨幣區屬性都被詳細地檢驗。這一時期的理論研究主要朝兩個方面發展：一是最優貨幣區理論的模型化；二是對最優貨幣區標準的評估。

(1) 最優貨幣區理論的模型化

里斯（1997），貝恩和多克奎爾（1998）等用一般均衡模型對早期OCA思想進行分析，在面臨對稱性衝擊時不同經濟體在不同的匯率制度下會有什麼樣的調節作用。

里斯在1997年提出了一個具有名義剛性的簡單兩國貿易模型。他以2×2×1為框架，即兩個國家、兩種商品和一種生產要素，建立了一個一般均衡模型，分別對勞動力流動、財政調節、開放度、國家間的通脹偏好差異、交易成本、真實衝擊的相關性和貨幣衝擊的相關性等眾多經濟因素進行了探討。其結果顯示：貨幣衝擊和商品需求衝擊會對貨幣聯盟內的國家名義收入產生負影響，增加失業和通脹率。但是勞動力的自由流動和統一的財政政策能抵消一部分衝擊帶來的負效應。一國的通脹率與貨幣聯盟的差異越大，該國加入貨幣聯盟取得的收益就越大；一國開放度越高，加入貨幣聯盟的收益就越大。①

與里斯的靜態分析不同，貝恩和多克奎爾（1998）引入時間因素，提出了一個動態化模型。他們的模型是建立在以下假設基礎上的：完全競爭、遲鈍的向下工資調整、各國商品分為貿易和非貿易商品、勞動力是唯一的生產要素、不存在金融市場。這個動態模型得到的結論與里希得到的基本上一致。②

(2) 對最優貨幣區的評估

除了建立理論模型外，學者們試圖運用大量歷史數據對最優貨幣區理論進行評估和實證分析。主要包括測定地區間實物衝擊、經濟週期、貨幣政策的傳遞機制和經濟結構的不對稱的程度，分析OCA標準的內生性、貨幣聯盟與政治聯盟的關係、匯率工具的效應、貨幣聯盟理論中貨幣聯盟的構成方式以及貨幣聯盟內最優幣種數目等問題。

首先，對稱性衝擊標準及不對稱的測定。蒙代爾在對OCA進行原創性論述時，外部衝擊主要集中在單一產品需求變化的衝擊。隨著經濟呈現出多樣化、區域化等特徵，使外部衝擊出現了對稱性、非對稱性衝擊的差別。如果最

---

① RICCI L A. A Model of an Optimum Currency Area [R]. IMF Working Paper, 1997.
② BAYOUMI T, EICHENGREEN B. Exchange Rate Volatility and Intervention: Implications of the Theory of Optimal Currency Areas [J]. Journal of International Economics, 1998 (45): 191-209.

優貨幣區成員國匯率波動同步性強，則發生非對稱衝擊的可能性就較小。應付非對稱衝擊的對策主要是價格變化，而不是產量（GDP）變化。實證研究的結果表明，在歐盟主要國家中，由於德國、法國、比利時、荷蘭、盧森堡、奧地利、丹麥的國內生產總值和真實匯率的變動高度趨同，因此，發生非對稱衝擊可能性相對較少。而葡萄牙、希臘、西班牙、義大利、英國、愛爾蘭、瑞典和芬蘭受到非對稱衝擊的可能性則較大[1]。

其次，OCA 標準的內生性及檢驗。在早期的 OCA 的相關文獻中，一般將各種各樣的經濟條件和衡量標準視為外生的，但是，弗蘭克爾和羅斯（1998）從國家間的貿易與商業週期相關性出發，研究最優貨幣區標準的內生性問題。他們通過對 20 個工業化國家近 30 年的歷史數據的分析，發現國家之間的貿易程度與它們的收入水準及經濟週期的相關性之間是內生的，即雙邊貿易關係越密切的國家在經濟週期和收入之間存在較大的正向關係。放棄不同的國家貨幣，貨幣聯盟會促進貿易快速增長，貿易的增長將促使商業週期同步發展。一國即使在加入貨幣聯盟前這些指標達不到標準的要求，但該國進入貨幣聯盟後，這種內生性會逐漸消除差距，使這些指標達到標準甚至超出[2]。因此，OCA 理論中涉及有關貨幣同盟形成的「事前」條件，在一定程度上，可以在貨幣同盟形成後得到「事後」滿足。弗蘭克爾（1999）為此進行瞭解釋。他假定歐洲的一些國家最初低於 OCA 標準。當這些國家聯合起來結成歐盟（EU）後，各國之間的貿易一體化與收入相關性都會得以提高。如果進一步組成歐洲貨幣聯盟，那麼，這些國家之間貿易一體化、收入相關性水準都會進一步提高，這最終將促使歐洲貨幣聯盟成為 OCA[3]。

再次，政治因素與貨幣聯盟。貨幣是一國主權的象徵，不同的國家和地區的貨幣重組必須有相當的政治意願，否則難以實現。Bordo 和 Jonung（1999）對拉丁美洲聯盟等歷史上多個多國貨幣聯盟的失敗和美國聯邦制成功的原因進入了深入的探討，得出結論認為，政治統一是建立聯盟和維持聯盟穩定發展的關鍵。他們進一步指出，政治因素將是決定歐洲貨幣聯盟未來的主要力量，只要歐洲貨幣聯盟實現了政治統一，那麼目前歐洲貨幣聯盟所存在的「經濟」

---

[1] DE GRAUWE P, VANHAVERBEKE W. Is Europe an Optimum Currency Area: Evideace [R]. CEPR Discussion Paper, 1991.

[2] FRANKEL J, ANDREW R. The Endogeneity of Optimum Currency Area Criteria [J]. The Economic Journal, 1998, 108: 1009-1025.

[3] FRANKEL J. No single currency regime is right fir all counties or at all times [R]. NBER Working Paper, 1999.

上的或是構建上的不足都極有可能迎刃而解①。貨幣聯盟所面臨的政治問題，既是挑戰，同時也是一種機遇，它可以成為政府之間合作而推動政治聯盟動力的起點。

最後，匯率制度選擇與 OCA 標準。匯率制度的選擇一直是人們熱衷探討的話題。經過幾十年的爭論，經濟學家們已形成了較為一致的看法：無論是固定匯率、浮動匯率或是中間匯率制度，都是市場條件下的次優選擇，它們的有效運作都需要特定的條件。Frankel（1999）進一步指出，沒有一種單一的匯率選擇能適合所有的國家，也沒有一種匯率能在任何時期滿足一個國家發展的需要。匯率的選擇應隨國別和時間的變化而改變。但是，在一般情況下，人們還是認為大國更適合採用其國家貨幣，並實行浮動匯率；而小國特別是開放型的小國則可以實行固定匯率或組成貨幣聯盟使用單一貨幣②。

---

① BORDO M D, JONUNG L. the Future of ENU: What Does the History of Money Unions tell us? [J]. NBER Working Paper, 1999.

② FRANKEL, JEFFREY. No single currency regime is right fir all counties or at all times [R]. NBER Working Paper, 1999.

3 人民幣周邊化的動力機制

3.1 中國強大的經濟實力

3.1.1 中國經濟快速增長

國內生產總值可以衡量一國的總體經濟實力，也反應了一國的國力和財富。改革開放以來，中國經濟持續快速增長，為人民幣的周邊化提供了堅實的經濟基礎。圖3.1顯示了中國1996—2014年的國內生產總值及增長速度的情況，從中可以看出，中國的國內生產總值是逐年增加的，增長速度平均保持在13%左右。2009年，中國超越日本成為世界第二大經濟體，自此以後，中國的國內生產總值穩居世界第二位。2015年，據國家統計局統計，全年國內生產總值676,708億元，比上年增長6.9%。

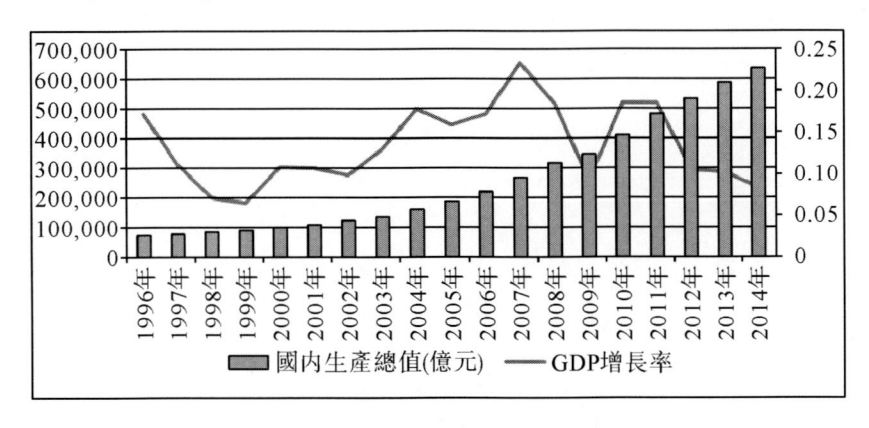

圖3.1 中國的國內生產總值及增長率

資料來源：中國國家統計局。

中國經濟不但規模增長速度快，而且增長速度還很穩定。本書參考麥金農

和施納布爾（2003）研究中國發揮地區穩定器作用的方法，計算經濟體的年產出增長率變化，若是變化率變動越小，表示該經濟體也越穩定。表3.1比較了中國及其周邊國家和地區的GDP年增長率的變動系數，從中可以看出，中國的GDP增長率的變動系數很小，僅為0.2，只比老撾、越南和印度尼西亞稍微高一點，比其他經濟體要低很多。其中，日本的變動系數為2.59，是GDP增長率變化最大的一個國家，這說明日本雖然作為一個經濟大國，但是其經濟發展勢頭不穩定、波動大，很難維護亞洲區域內的穩定。因此，中國經濟的持續發展經濟表明，中國不斷增強的經濟實力和穩定的增長態勢為其充當周邊區域的穩定器提供了保障。

表3.1　2010—2014年中國及周邊國家和地區的GDP增長率變化

國家/地區	平均值	標準差	變動系數
文萊	1.1	2.31	2.04
不丹	7.7	3.66	0.48
中國	9.7	1.91	0.20
中國香港	4.1	3.19	0.78
印度	7.0	2.25	0.32
日本	0.9	2.25	2.59
哈薩克斯坦	7.7	3.23	0.42
吉爾吉斯斯坦	4.5	3.61	0.80
柬埔寨	7.9	2.92	0.37
韓國	4.4	2.11	0.48
老撾	7.3	1.04	0.14
中國澳門	11.2	8.60	0.77
緬甸	10.9	2.61	0.24
蒙古	7.7	4.65	0.60
馬來西亞	5.1	2.54	0.50
尼泊爾	4.2	1.45	0.35
巴基斯坦	4.1	1.90	0.46
菲律賓	5.0	1.79	0.35
俄羅斯	4.6	4.29	0.93

表3.1(續)

國家/地區	平均值	標準差	變動系數
新加坡	5.7	4.30	0.76
泰國	4.2	2.61	0.63
塔吉克斯坦	8.0	1.93	0.24
越南	6.4	0.75	0.12
阿富汗	8.1	6.12	0.76
印度尼西亞	5.3	0.77	0.15
臺灣	3.8	3.20	0.83

資料來源：世界銀行，其中臺灣數據來自《2015年亞洲發展展望》。

3.1.2 人民幣幣值穩定

幣值穩定是一種貨幣完成交易和投資兩大職能的首要條件。就像尺子刻度不標準就不能用來測量一樣，貨幣幣值不穩定就不能充當交易媒介。倘若人民幣幣值不穩定，頻繁升值或貶值，大家都不願意持有人民幣，更不要說把人民幣作為計價和結算手段了。

貨幣價值的穩定直接影響到一國貨幣在國際社會上的信譽和持幣人的信心。貨幣價值的穩定，有對內和對外之分，對內即是購買力的穩定，可以通過通脹率來衡量。對外即是匯率的穩定，從表3.2中國及周邊國家和地區的通貨膨脹率數據來看，相對於其他國家和地區，中國的通貨膨脹率一直保持在一個較低的水準。2005—2014年，中國的平均通貨膨脹率為2.92，僅高於文萊、日本、馬來西亞、韓國和新加坡。從通貨膨脹率的波動程度來看，中國的標準差為2.00，其穩定性僅次於文萊、日本、馬來西亞和韓國。因此，相對於大部分中國周邊國家和地區，在這一期間，中國的通貨膨脹率較為穩定地保持在一個溫和的水準上。

表3.2　　　2005—2014中國及周邊經濟體的通貨膨脹率

國家(地區)	2005年	2006年	2007年	2008年	2009年	2010年	2011年	2012年	2013年	2014年
阿富汗	12.69	7.25	8.48	30.55	-8.28	0.89	10.20	7.22	7.65	4.60
文萊	1.24	0.16	0.97	2.08	1.04	0.36	2.02	0.46	0.38	-0.19
不丹	5.31	5.00	5.16	8.33	4.36	7.04	8.85	10.92	7.01	8.21

表3.2(續)

國家 (地區)	2005年	2006年	2007年	2008年	2009年	2010年	2011年	2012年	2013年	2014年
中國	1.82	1.46	4.75	5.86	-0.70	3.31	5.41	2.62	2.63	2.00
中國香港	0.90	2.11	1.96	4.26	0.61	2.34	5.26	4.06	4.35	4.43
印度	4.25	6.15	6.37	8.35	10.88	11.99	8.86	9.31	10.91	6.35
日本	-0.27	0.24	0.06	1.37	-1.35	-0.72	-0.28	-0.03	0.36	2.75
哈薩克斯坦	7.58	8.59	10.77	17.15	7.31	7.12	8.35	5.11	5.84	6.72
吉爾吉斯斯坦	4.35	5.56	10.18	24.52	6.90	7.97	16.50	2.69	6.61	7.53
柬埔寨	6.35	6.14	7.67	25.00	-0.66	4.00	5.48	2.93	2.94	3.86
韓國	2.75	2.24	2.53	4.67	2.76	2.96	4.00	2.19	1.31	1.27
老撾	7.17	6.80	4.52	7.63	0.04	5.98	7.58	4.26	6.36	4.14
中國澳門	4.39	5.16	5.57	8.60	1.18	2.81	5.80	6.11	5.51	6.04
緬甸	9.37	20.00	35.02	26.80	1.47	7.72	5.02	1.47	5.52	5.47
蒙古	12.72	5.10	9.05	25.06	6.28	10.15	9.48	14.98	8.60	13.02
馬來西亞	2.96	3.61	2.03	5.44	0.58	1.71	3.20	1.66	2.11	3.14
尼泊爾	6.84	6.92	5.75	9.88	11.08	9.32	9.27	9.45	9.04	8.37
巴基斯坦	9.06	7.92	7.60	20.29	13.65	13.88	11.92	9.69	7.69	7.19
菲律賓	6.52	5.49	2.90	8.26	4.22	3.79	4.65	3.17	3.00	4.10
俄羅斯	12.68	9.69	8.99	14.11	11.67	6.84	8.43	5.08	6.78	7.81
新加坡	0.43	1.02	2.10	6.52	0.60	2.80	5.25	4.53	2.38	1.01
泰國	4.54	4.64	2.24	5.47	-0.85	3.27	3.81	3.02	2.18	1.89
塔吉克斯坦	7.09	10.01	13.15	20.47	6.45	6.42	12.43	5.83	5.01	6.10
越南	8.28	7.39	8.30	23.12	7.05	8.86	18.68	9.09	6.59	4.09

數據來源：世界銀行。

  2007年，中國的通貨膨脹率急遽上升，並在2008年進一步增大。這輪通貨膨脹主要有兩個方面的原因：一是巨額的貿易順差。2007年，中國進出口貿易總額達21,765.7億美元，達到歷史新高，全年累計貿易順差為2,643.44億美元。2008年的進出口貿易額又創新高，貿易順差達到2,981.23億美元。巨額的貿易順差帶來了外匯占款的膨脹，外匯占款的增加必然緊跟著國內基礎貨幣量的增長，造成貨幣供應量大幅度上升。2007年全年，中國狹義貨幣供應量M1餘額15.3萬億元，同比增長21%，增速比上年高3.5個百分點。二是通脹壓力上升成為全球性現象。食品價格的上漲是導致國內消費價格指數攀升

的主要動力和原因。2007 年食品價格上漲 12.3%，拉動 CPI 上漲 4 個百分點，對 CPI 上漲的貢獻率達到 83%；2008 年食品價格上漲 114.3%，比上年提高了 2 個百分點。

2010—2011 年，中國又形成了新一輪的通貨膨脹。這次通脹的一個主要原因是貨幣超發嚴重。2010 年，中國貨幣供應量多達 26.7 萬億元，同比增長了 21%。此外，農產品價格居高不下、國際能源價格的提高也在一定程度上影響了本輪的通貨膨脹。

改革開放以來，隨著中國金融體制的改革，人民幣匯率制度也隨之發生變革，人民幣匯率保持穩中有升的可喜局面。從圖 3.2 和圖 3.3 可以看出，不管是人民幣實際匯率還是名義匯率，其發展趨勢都是穩中有升，波動較小。與人民幣相比，同期的日元匯率波動比較劇烈，這一變化趨勢在日元的實際有效匯率上體現得更為明顯，在短時間內出現了大幅度的升降。例如，在 2005 年 1 月至 2007 年 7 月，日元的名義匯率從 90.58 下降到 72.58，貶值幅度達 24.8%，又在不到兩年的時間裡迅速升值了 39.7%。美元的匯率波動相對也比較平穩。從 1994 年至 2002 年 2 月，美元的名義有效匯率與實際有效匯率都是呈現出了比較平穩的上升態勢。2002—2008 年，美元匯率一直呈現貶值趨勢。自 2011 年 7 月，隨著世界經濟的復甦，美元又開始升值，截止到 2016 年 1 月，美元的名義匯率上升到 122.59，比 2011 年的 7 月升值了 31.79%。

人民幣匯率穩中有升的變動趨勢保證了人民幣幣值的穩定。這對中國金融、經濟的穩定發展有著重要的意義。

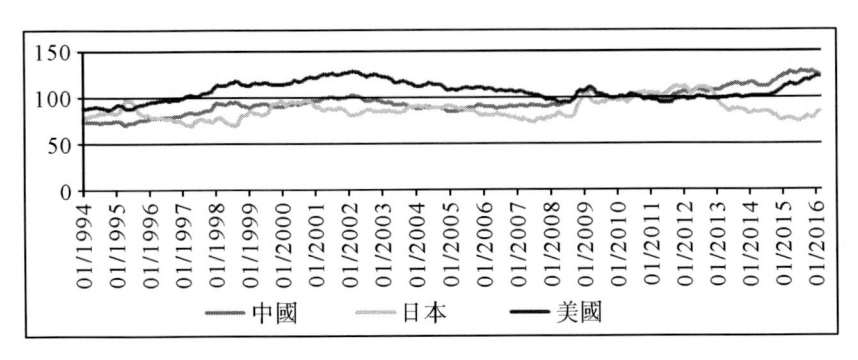

圖 3.2　名義匯率的變動情況

資料來源：根據國際清算銀行網站公布資料計算整理。

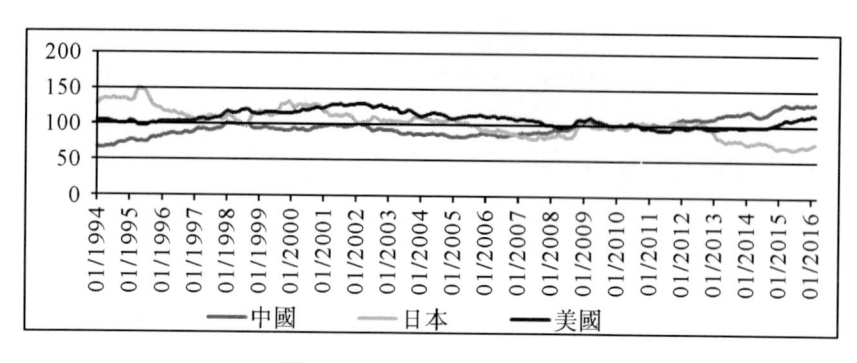

圖 3.3　實際匯率的變動情況

資料來源：根據國際清算銀行網站公布資料計算整理。

3.1.3　巨額的貿易順差和充足的外匯儲備

一國巨額的貿易順差將推動本幣在國際市場上的流通。表 3.3 列出了世界主要國家的進出口貿易額占世界總貿易額的比重。從表 3.3 可以看出，中國的進出口額占世界總貿易額的比重逐年增加，從 1990 年的 2% 增加到 2014 年的 10.76%。與此相反的則是，世界上其他主要發達國家的進出口額占世界總貿易額的比重呈下降趨勢，美國從 1990 年的 13.07% 下降到 2014 年的 10.22%，日本從 1990 年的 7.51% 下降到 2014 年的 4.02%，等等。根據貨幣基金組織統計，2014 年，中國的進出口貿易額達 40,436.02 億美元，比 1990 年的 1,372.63 億美元增加了近 30 倍，並超過美國，成為世界上最大的貿易國，這將對人民幣國際化的推進起到關鍵作用。

表 3.3　　　世界主要國家對外貿易額占世界貿易的比重

國家	1990 年	1995 年	2000 年	2005 年	2010 年	2014 年
中國	2.00%	3.71%	4.70%	7.48%	10.06%	10.76%
美國	13.07%	13.66%	15.65%	12.03%	10.06%	10.22%
日本	7.51%	7.56%	6.57%	5.27%	4.69%	4.02%
德國	10.46%	9.23%	7.90%	8.22%	7.41%	7.08%
法國	6.38%	5.29%	4.76%	4.51%	3.80%	3.44%

資料來源：IMF。

與此同時，中國的經常項目盈餘也在增加，在 2006 年超過日本成為世界上最大的經常項目盈餘國。在 2008 年，中國的經常項目盈餘達到最大，為

4,205.69億美元，遠遠大於日本的1,421.16億美元和德國的2,108.93億美元。2014年，中國的經常項目盈餘達2,196.78億美元，比2013年增長了20%。但自2011年以來，中國的經常項目盈餘低於德國，排名世界第二（見表3.4）。

表3.4　　　　世界主要國家經常項目餘額及占其GDP的比重　單位：億美元

國家	2010年	2011年	2012年	2013年	2014年
中國	2,378.10	1,360.97	2,153.92	1,828.07	2,196.78
	3.94%	1.82%	2.55%	1.93%	2.12%
美國	-4,419.63	-4,603.58	-4,496.69	-3,767.63	-3,895.25
	-2.95%	-2.97%	-2.78%	-2.25%	-2.24%
日本	2,208.88	1,295.97	601.17	411.32	240.21
	4.02%	2.19%	1.01%	0.84%	0.52%
德國	1,933.26	2,279.35	2,408.62	2,423.25	2,903.27
	5.66%	6.07%	6.80%	6.47%	7.51%
法國	-220.34	-294.90	-417.20	-402.13	-289.45
	-0.83%	-1.03%	-1.56%	-1.43%	-1.02%

資料來源：IMF。

充足的外匯儲備是實現人民幣國際化的重要條件，因為它有利於維持外匯市場和匯率的相對穩定。表3.5顯示了中國自2000—2014年的外匯儲備及變動情況。2014年，中國的外匯儲備達38,591.7億美元，比2000年的1,682.78億美元增長了近23倍。2006年，中國外匯儲備餘額達10,684.93億美元，首次超過日本的8,796.81億美元，成為擁有外匯儲備最多的國家。此外，中國香港地區、韓國、新加坡、印度也擁有較多的外匯儲備，14年間分別增長了205%、273%、221%和701%，截止到2014年年末，外匯儲備餘額分別達到3,284.36億美元、3,587.85億美元、2,566.43億美元和3,034.55億美元。

表3.5　　　　2000—2014年中國及周邊國家和地區的外匯儲備　單位：億美元

國家（地區）	2000年	2005年	2010年	2011年	2012年	2013年	2014年
中國香港	1,075.42	1,242.44	2,686.49	2,852.96	3,172.51	3,111.29	3,284.36
日本	3,549.02	8,342.75	10,614.9	12,581.7	12,271.5	12,372.2	12,310.1
韓國	961.30	2,103.17	2,914.91	3,042.55	3,232.07	3,416.50	3,587.85
新加坡	799.61	1,159.60	2,255.03	2,375.27	2,590.94	2,728.64	2,566.43

表3.5(續)

國家（地區）	2000年	2005年	2010年	2011年	2012年	2013年	2014年
不丹	3.18	4.67	10.02	7.90	9.55	9.91	12.45
文萊	4.08	4.92	15.63	24.87	32.85	33.99	34.71
柬埔寨	5.02	9.53	32.55	34.50	42.67	45.16	56.26
中國澳門	33.23	66.89	237.26	340.26	166.00	161.46	164.44
中國	1,682.78	8,215.14	28,660.79	32,027.9	33,311.2	38,395.5	38,591.7
印度	379.02	1,319.24	2,752.77	2,712.85	2,705.87	2,764.93	3,034.55
印度尼西亞	285.02	331.40	929.08	1,065.39	1,088.37	963.64	1,088.36
老撾	1.39	2.34	7.03	7.41	7.99	7.22	8.75
馬來西亞	283.30	698.58	1,048.84	1,317.80	1,377.84	1,334.44	1,145.72
蒙古	1.79	3.33	21.97	22.75	39.30	20.96	15.40
緬甸	2.23	7.71	57.17	70.04	69.64		
尼泊爾	9.45	14.99	29.37	36.31	43.07	52.93	60.27
菲律賓	130.90	159.26	553.63	672.90	734.78	756.89	720.57
泰國	320.16	506.91	1,675.30	1,673.89	1,733.28	1,613.28	1,512.53
越南	34.17	90.51	124.67	135.39	255.73	258.93	341.89
哈薩克斯坦	15.94	60.84	252.23	251.79	221.32	191.27	218.14
吉爾吉斯斯坦	2.39	5.70	16.04	17.03	19.03	20.99	18.05
俄羅斯	242.64	1,758.91	4,435.86	4,539.48	4,865.77	4,696.03	3,393.70
塔吉克斯坦	0.93	1.68	3.24	2.89	2.98	4.61	1.77
阿富汗			41.74	52.68	59.83	64.42	66.81
巴基斯坦	15.13	100.33	143.46	145.28	102.42	51.56	118.07

資料來源：IMF, International Financial Statistics（IFS）。

3.2 中國與周邊經濟體經濟聯繫較大

　　中國自改革開放以來，經濟持續高速發展，對亞洲特別是中國周邊的國家和地區都產生了巨大的影響。隨著中國經濟的強盛，周邊國家對中國的依賴越來越大。本部分主要從貿易、投資、自貿區建設等三個方面來敘述中國與周邊國家和地區的經濟聯繫。

3.2.1 中國與周邊國家和地區貿易聯繫密切

中國是周邊若干國家的第一大貿易夥伴國,同時也是他們貿易順差的最大來源國,他們對中國的出口助推了自身經濟的發展。隨著中國經濟發展方式的轉變、擴大內需和推動國際貿易收支平衡等戰略的推進,中國市場對周邊國家和地區的重要性日益增加。2014 年,中國大陸是周邊 8 個國家和地區的第一大出口目的國,是周邊 19 個國家和地區的第一大進口來源國,其中,中國內地是香港地區的第一大進出口地,中國也是韓國、新加坡、蒙古、緬甸、泰國和朝鮮的第一大出口國和進口國(見表 3.6),這在一定程度上體現了中國大陸市場對周邊國家和地區的重要影響。表 3.7 是中國大陸與周邊 26 個國家和地區在 2010 年和 2014 年的進出口貿易及貿易平衡情況,從中可以看出,周邊國家和地區對華貿易中存在著巨大的貿易順差。在 2010 年和 2014 年,周邊 26 個國家和地區對中國的貿易順差達 3,319.15 億美元和 3,625.08 億美元,說明周邊國家和地區充分分享了中國大陸市場的利益。其中,2014 年,對中國大陸貿易存在順差的國家或地區:日本、韓國、馬來西亞、蒙古、緬甸、尼泊爾、菲律賓、泰國、越南、哈薩克斯坦、俄羅斯和巴基斯坦等 12 個國家和臺灣地區,臺灣地區享受最大的貿易順差,韓國次之。在中國與周邊國家和地區的跨境貿易中,相當一部分是以人民幣結算的,特別是中國與這些國家的進口貿易,促進了人民幣在周邊國家和地區的流通,為人民幣周邊化的實現起到了積極的推動作用。

表 3.6　　2014 年中國在周邊國家和地區對外貿易額的排名情況

國家(地區)	出口目的國	進口來源國
中國香港	1	1
日本	2	1
韓國	1	1
新加坡	1	1
文萊	11	2
柬埔寨	9	2
中國澳門	2	1
印度	4	1
印度尼西亞	2	1
老撾	1	2

表3.6(續)

國家（地區）	出口目的國	進口來源國
馬來西亞	2	1
蒙古	1	1
緬甸	1	1
尼泊爾	3	2
菲律賓	3	1
泰國	1	1
越南	2	1
哈薩克斯坦	2	1
吉爾吉斯斯坦	9	1
俄羅斯	3	1
塔吉克斯坦	9	1
阿富汗	7	5
巴基斯坦	2	1
朝鮮	1	1

資料來源：根據 IMF，Direction of trade。

表 3.7　　中國對周邊鄰國和地區的進出口貿易情況　　單位：百萬美元

地區	2010 年			2014 年		
	出口	進口	貿易平衡	出口	進口	貿易平衡
中國香港	218,204.97	9,501.34	208,703.63	363,222.84	12,920.24	350,302.6
日本	120,262.43	176,304.03	−56,041.6	149,451.72	162,685.64	−13,233.92
韓國	68,810.57	138,023.82	−69,213.25	100,401.65	190,286.02	−89,884.37
新加坡	32,333.27	24,582.61	7,750.66	48,706.65	30,534.54	18,172.11
臺灣	29,642.32	115,645.18	−86,002.86	46,282.94	152,309.97	−106,027.03
不丹	1.59	0.01	1.58	11.08	0.10	10.98
文萊	367.6	639.33	−271.73	1,747.05	189.64	1,557.41
柬埔寨	1,347.27	94.73	1,252.54	3,276.29	481.27	2,795.02
中國澳門	2,136.31	119.46	2,016.85	3,605.91	210.3	3,395.61
印度	40,880.11	20,855.62	20,024.49	54,237.23	16,412.57	37,824.66
印度尼西亞	21,973.46	20,759.72	1,213.74	39,072.8	24,588.96	14,483.84
老撾	476.45	562.01	−85.56	1,847.64	1,761.08	86.56

表3.7(續)

地區	2010年			2014年		
	出口	進口	貿易平衡	出口	進口	貿易平衡
馬來西亞	23,816.91	50,375.26	-26,558.35	46,284.09	55,770.89	-9,486.8
蒙古	63.46	2,517.12	-2,453.66	104.04	5,071.65	-4,967.61
緬甸	1,449.23	960.99	488.24	2,215.54	15,578.16	-13,362.62
尼泊爾	0.02	11.39	-11.37	2.75	46.8	-44.05
菲律賓	352.67	16,198.86	-15,846.19	636.7	21,045.2	-20,408.5
泰國	1,994.98	33,201.1	-31,206.12	3,794.25	38,209.01	-34,414.76
越南	22.6	6,970.93	-6,948.33	180.23	19,927.78	-19,747.55
哈薩克斯坦	274.93	11,034.42	-10,759.49	908.22	9,698.54	-8,790.32
吉爾吉斯斯坦	9,279.17	69.53	9,209.64	12,718.34	46	12,672.34
俄羅斯	80.46	25,810.81	-25,730.35	115.3	41,558.14	-41,442.84
塔吉克斯坦	29,591.84	56.02	29,535.82	53,685.68	47.69	53,637.99
阿富汗	83,109.81	3.62	83,106.19	151,803.45	17.38	151,786.07
巴基斯坦	943.76	1,729.97	-786.21	2,063.18	2,760.39	-697.21
朝鮮	2,277.82	1,187.86	1,089.96	3,522.52	2,841.48	681.04

數據來源：根據IMF, Direction of trade。

為了檢驗中國與周邊國家和地區的貿易聯繫，本書利用貿易強度指數(Trade Intensity Index, 又稱貿易密度指數)來檢驗中國與周邊國家和地區間貿易的聯繫，計算公式如下：

$$TII_{ij} = (X_{ij}/X_{it})/(X_{wj}/X_{wt}) \tag{3.1}$$

其中，X_{ij}表示i國對j國的出口，X_{it}代表i在t年的總出口；X_{wj}表示世界對j國的出口，而X_{wt}表示t年全世界的出口額。貿易強度指數TII_{ij}代表了i國對j國的出口占其出口總額的比重與世界對j國的出口占世界總出口的份額之比。如果TII_{ij}大於1，說明i國與j國之間的貿易強度大，表明兩國之間的貿易關係比較密切；如TII_{ij}小於1，說明i國與j國之間的貿易強度偏小，表明兩國之間的貿易關係較為疏遠；如果TII_{ij}等於1，表明兩國之間的貿易關係既不密切也不疏遠，可以稱兩國間的貿易關係是中性的。

根據公式3.1，本書計算了中國與周邊國家和地區2010—2014年的貿易強度指數（見表3.8），發現近五年內，只有阿富汗與中國的貿易強度小於1，其他所有的國家和地區與中國的貿易強度指數都大於1，這說明中國與周邊國家和地區的貿易關係是比較密切的。

表 3.8　中國與周邊國家和地區 2010—2014 年間的貿易強度指數

國家（地區）	2010 年	2011 年	2012 年	2013 年	2014 年
中國香港	4.23	4.35	4.44	4.50	4.17
日本	1.85	1.82	1.68	1.63	1.60
韓國	1.63	1.59	1.54	1.53	1.58
新加坡	1.14	1.03	1.04	1.13	1.13
臺灣	1.19	1.24	1.25	1.30	1.39
文萊	1.21	1.21	1.88	1.84	2.12
柬埔寨	1.30	1.92	1.72	1.85	1.64
中國澳門	1.40	1.55	2.62	2.08	2.15
印度	1.17	1.17	1.00	0.99	1.06
印度尼西亞	1.46	1.51	1.50	1.55	1.63
老撾	1.40	1.08	1.43	2.18	2.03
馬來西亞	1.31	1.32	1.51	1.71	1.65
蒙古	4.00	4.09	3.30	3.27	3.31
緬甸	3.69	3.68	3.24	3.30	3.36
尼泊爾	2.12	2.43	2.99	2.83	2.36
菲律賓	1.38	1.51	1.52	1.65	1.71
泰國	1.16	1.22	1.26	1.25	1.32
越南	2.40	2.37	2.40	2.64	2.80
哈薩克斯坦	3.25	2.79	2.16	2.08	2.28
吉爾吉斯斯坦	5.96	5.60	4.85	4.38	4.35
俄羅斯	1.27	1.26	1.25	1.31	1.50
塔吉克斯坦	4.03	4.43	3.58	3.47	3.78
阿富汗	0.27	0.28	0.60	0.50	0.62
巴基斯坦	1.68	1.73	1.73	1.86	1.95
朝鮮	5.62	7.22	6.76	6.41	6.32

數據來源：根據 IMF，Direction of trade，整理計算所得。

3.2.2　中國對周邊國家和地區的投資額較大

隨著中國經濟的發展，中國對外的直接投資額每年都在大幅度增加。截止到 2014 年年底，中國內地在亞洲 46 個國家和地區設立了近 1.7 萬家境外企業，主要分佈在中國香港、新加坡等地區和國家。中國內地共在香港地區設立

的直接投資企業9,000多家，占到中國境外企業總數的三成，是中國設立境外企業數量最多、投資最活躍的地方。截止到2014年年末，中國對外直接投資累計額達8,826.4億美元，占全球外國直接投資存量的3.4%，位居世界第8位，比上年提高了3位。從流量方面來看，2014年，中國對外直接投資淨額為1,231.2億美元，較上年增長14.2%，占全球對外直接投資流量的9.1%，位居世界第三[1]。

圖3.4顯示了中國對周邊國家和地區的直接投資情況，發現中國對外直接投資一半以上都流向了中國周邊國家和地區。2008年，中國對周邊國家和地區的直接投資占中國對外直接投資的78%，達到歷史最高，隨後這一比例有降有升，平均維持在67%左右。2014年，中國周邊國家和地區的直接投資額達831.7億美元，比2006年的87.82億美元增加了9倍左右，說明中國對周邊國家和地區的直接投資額量大，增長速度快，這為人民幣的周邊化創造了良好的條件。

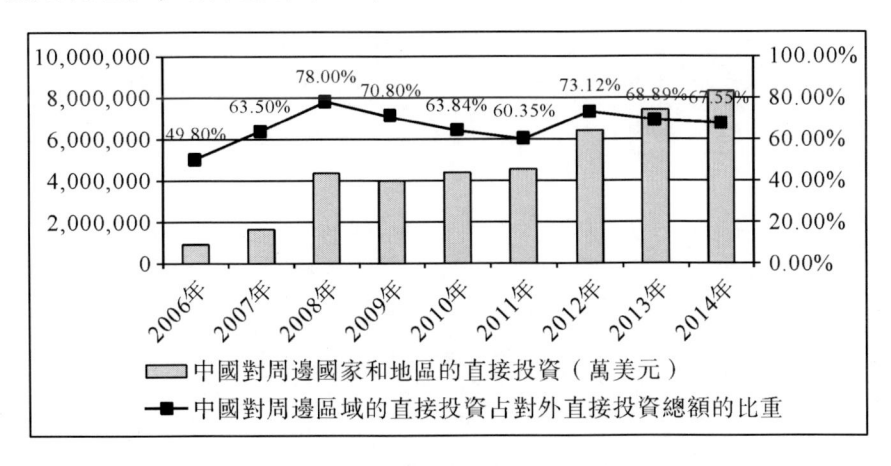

圖3.4 中國對周邊國家和地區的投資額及比例

資料來源：根據《2014年度中國對外直接投資統計公報》計算所得。

表3.9詳細顯示了2006—2014年中國內地對周邊區域內直接投資的具體流向。從中可以看出，流向香港地區的直接投資額最大，達708.67億美元，同比增長了12.8%，占2014年中國在周邊區域內投資流量總額的85.2%。除了香港地區外，新加坡、印度尼西亞、老撾、巴基斯坦、泰國和俄羅斯等6國也包含在中國對外直接投資流量前20位的國家（地區）裡面，分別占中國對周邊區域投資的3.4%、1.5%、1.2%、1.2%、1%和0.8%。

---

[1] 中華人民共和國商務部，中華人民共和國國家統計局，國家外匯管理局. 2014年度中國對外直接投資統計公報[M]. 北京：中國統計出版社，2015.

表 3.9 中國對周邊國家和地區的直接投資流量情況

單位：萬美元

國家（地區）	2006 年	2007 年	2008 年	2009 年	2010 年	2011 年	2012 年	2013 年	2014 年
阿富汗	25	10	11,391	1,639	191	29,554	1,761	-122	2,792
巴基斯坦	-6,207	91,063	26,537	7,675	33,135	33,328	8,893	16,357	101,426
朝鮮	1,106	1,840	4,123	586	1,214	5,595	10,946	8,620	5,194
俄羅斯	45,211	47,761	39,523	34,822	56,772	71,581	78,462	102,225	63,356
菲律賓	930	450	3,369	4,024	24,409	26,719	7,490	5,440	22,495
哈薩克斯坦	4,600	27,992	49,643	6,681	3,606	58,160	299,599	81,149	-4,007
韓國	2,732	5,667	9,691	26,512	-72,168	34,172	94,240	26,875	54,887
吉爾吉斯斯坦	2,764	1,499	706	13,691	8,247	14,507	16,140	20,339	10,783
柬埔寨	981	6,445	20,464	21,583	46,651	56,602	55,966	49,933	43,827
老撾	4,804	15,435	8,700	20,324	31,355	45,852	80,882	78,148	102,690
馬來西亞	751	-3,282	3,443	5,378	16,354	9,513	19,904	61,638	52,134
蒙古	8,239	19,627	23,861	27,654	19,386	45,104	90,403	38,879	50,261
緬甸	1,264	9,231	23,253	37,670	87,561	21,782	74,896	47,533	34,313
尼泊爾	32	99	1	118	86	858	765	3,697	4,504
日本	3,949	3,903	5,862	8,410	33,799	14,942	21,065	43,405	39,445
塔吉克斯坦	698	6,793	2,658	1,667	1,542	2,210	23,411	7,233	10,720
臺灣	-3	-5	-6	4	1,735	1,108	11,288	17,667	18,370

表3.9(續)

國家（地區）	2006年	2007年	2008年	2009年	2010年	2011年	2012年	2013年	2014年
泰國	1,584	7,641	4,547	4,977	69,987	23,011	47,860	75,519	83,946
文萊	-	118	182	581	1,653	2,011	99	853	-328
新加坡	13,215	39,773	155,095	141,425	111,850	326,896	151,875	203,267	281,363
印度	561	2,202	10,188	-2,488	4,761	18,008	27,681	14,857	31,718
印度尼西亞	5,694	9,909	17,398	22,609	20,131	59,219	136,129	156,338	127,198
越南	4,352	11,088	11,984	11,239	30,513	18,919	34,943	48,050	33,289
中國澳門	-4,251	4,731	64,338	45,634	9,604	20,288	1,660	39,477	59,610
中國香港	693,096	1,373,235	3,864,030	3,560,057	3,850,521	3,565,484	5,123,844	6,282,378	7,086,730
合計	878,237	1,683,225	4,360,981	4,002,472	4,392,895	4,505,423	6,420,202	7,429,755	8,316,716

註：表中數字為負的表示境外子公司、聯營公司、境外企業歸還當期或以前年度境內投資者的數額大於當期境內投資者對外的投資。

數據來源：《2014年度中國對外直接投資統計公報》。

3 人民幣周邊化的動力機制 41

3.2.3 中國周邊自貿區建設

目前,中國已與東盟、新加坡、巴基斯坦、韓國簽訂了自由貿易協定,同時內地還與香港、澳門簽了《關於建立更緊密經貿關係的安排》(CEPA),以及大陸與臺灣簽訂了《海峽兩岸經濟合作框架協議》(ECFA)。正在談判的自貿區有中日韓自貿區、《區域全年經濟合作夥伴關係協定》和中國與巴基斯坦自貿協定。同時,中國正在研究與印度建立自由貿易區的可能性(見表3.10)。

表 3.10   中國與周邊國家和地區的自貿區建設

已簽訂協議的自貿區	正在談判的自貿協定	正在研究的自貿區
中國−新加坡	中日韓	中國−印度
中國−東盟	中國−巴基斯坦自貿協定第二階段談判	
中國−東盟升級	《區域全面經濟合作夥伴關係協定》(RCEP)	
中國−韓國		
中國−巴基斯坦		
中國內地−港澳地區		
中國大陸−臺灣地區		

資料來源:中國自由貿易區服務網。

3.2.3.1 中國東盟自貿區及升級

中國東盟自貿區的構思始於1999年在馬尼拉召開的第三次中國和東盟領導人會議。在進行可行性研究之後,中國東盟自貿區的籌備工作提上日程。2002年11月4日,在第六次東盟−中國首腦會議上,雙方簽署了合作框架協議,正式啓動自貿區建設進程,到2010年1月1日,中國−東盟自由貿易區正式成立。為進一步提高本地區貿易投資自由化和便利化水準,2014年8月,中國−東盟經貿部長會議正式宣布啓動升級談判。經過4輪談判,雙方於2015年11月22日簽訂《中華人民共和國與東南亞國家聯盟關於修訂<中國−東盟全面經濟合作框架協議>及項下部分協議的議定書》。

2002年,當中國−東盟自貿區剛剛啓動時,中國與東盟雙邊貿易為500億美元,2004年突破1,000億美元,2008年更是達到了2,311.2億美元,2009年受全球金融危機的影響,中國與東盟的進出口貿易額有所下滑,在2010年則全幅回升,雙方貿易額達2,927.8億美元,同比增長37.4%。2012年,中國

東盟雙邊貿易額突破4,000億美元,在2014年高達4,803.9億美元,比2002年增長了近9倍。從圖3.5中還可以看出,2012年之前,東盟對華貿易一直保持順差,表明東盟對中國的市場擴展速度較快,對中國市場的依賴程度在加大,其在中國-東盟自貿區中的收益可見一斑。如今,中國是東盟最大的貿易夥伴,中國與東盟的貿易關係越發緊密,中國-東盟自貿區的成立是中國、東盟關係史上的一座里程碑。

在服務貿易方面,隨著《服務貿易協議》的不斷落實,中國與東盟在服務貿易領域的合作發展迅速。在工程承包和勞務合作方面,東盟也是中國重要的服務貿易輸出地。2003—2013年,中國在東盟工程承包完成營業額從18億美元提高到210億美元,增長了近11倍,年均增速達23.1%[1]。在人員往來方面,2014年,中國-東盟人員往來達1,756萬人次,其中,中國赴東盟總人數為1,140萬人次,東盟赴中國616萬人次[2]。

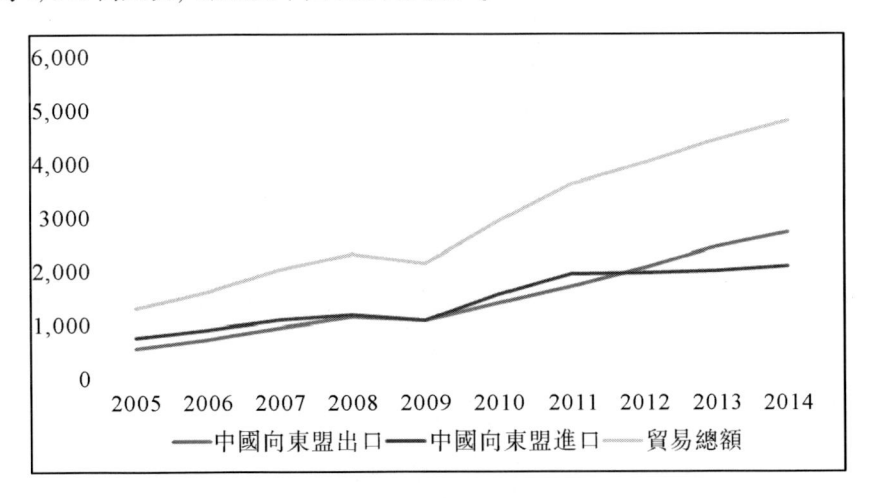

圖3.5 中國-東盟雙邊貿易額(單位:億美元)

資料來源:中國海關信息網。

在投資方面,隨著《中國-東盟自由貿易區投資協議》的簽訂,雙方的投資合作進入一個新的發展階段。據中國商務部統計,在2014年,中國和東盟雙向投資新增121.8億美元,雙方雙向投資額累計高達1,269.5億美元。伴隨著人民幣「走出去」戰略步伐,中國對東盟國家的投資持續升溫。2014年,

---

[1] 袁波. 中國對東盟投資合作前景與建議 [J]. 國際工程與勞務, 2015 (4): 32-34.
[2] 鄒國勇, 吳琳玲. TPP、RECP背景下的中國-東盟自貿區建設:挑戰與應對 [J]. 吉首大學學報(社會科學版), 2016 (2): 53-61.

中國宣布設立 400 億美元的絲路基金,並且成立亞洲基礎設施投資銀行,初始資金 500 億美元,支持地區互聯互通和基礎設施建設,這一系列措施都加大了中國-東盟的雙邊投資。

3.2.3.2 中國-新加坡自貿區

中國-新加坡自由貿易區自 2006 年 8 月開始啟動談判。2008 年 10 月 23 日,兩國簽訂了自由貿易協定。這份協定涵蓋領域廣泛,內容全面。它的簽署標志著中國與新加坡的雙邊經貿關係發展進入到一個新的階段,這不僅進一步促進了中新兩國的經貿關係發展,維護兩國經濟與貿易的穩定,並且也對東亞經濟的一體化的積極推進產生了促進作用。

3.2.3.3 中國-巴基斯坦自貿區

中國與巴基斯坦是睦鄰友好國家,兩國友誼源遠流長,兩國的經貿關係不僅穩定,並且處於一直增長的階段。根據貨幣基金組織統計,中國與巴基斯坦在 2014 年的雙邊貿易額達到 160 億美元,同比增長了 12.5%。2005 年初,考慮到雙方開放市場可實行雙贏,中國同巴基斯坦正式啟動了自貿區「早期收穫」談判。「早期收穫」是借鑒中國-東盟自貿區的建設經驗,在自貿區建設初期先行對部分產品實施的降稅。2005 年 8 月,中巴自貿區全面降稅的談判在中國新疆烏魯木齊正式拉開序幕。通過 6 輪談判,中國與巴基斯坦最終簽訂了《中華人民共和國政府和巴基斯坦伊斯蘭共和國政府自由貿易協定》(以下簡稱《自貿協定》)。從《自貿協定》生效的第六年開始,雙方對各自產品進一步實施降稅。中國-巴基斯坦自由貿易區的建立進一步促進了兩國間的經貿發展,通過經貿合作提高雙方的生產率。同時,中國-巴基斯坦自貿區的建設會繼續穩固了兩國間的友好關係,中國可以把巴基斯坦作為在南亞地區的重要經濟平臺,為順利開展南亞經濟合作提供了便利。

3.2.3.4 中韓自貿區

中韓自貿區談判於 2012 年 5 月正式啟動,歷時兩年半共舉行了 14 輪談判,中韓自由貿易區在 2015 年 6 月 1 日正式建立。

中韓自貿區的成立在中韓兩國經濟關係的發展過程中具有重大的意義。這不僅能推動中韓兩國經貿的快速發展,同時也會對亞洲經濟的發展產生重大的影響,在一定程度上會加快東亞和亞太區域經濟一體化進程並產生積極的示範效應。首先,對中國而言,中韓自貿區的建立不僅能增加中國企業的競爭力,同時也能消除部分中國沒有加入 TPP 的不利影響。其次,對韓國而言,中韓自貿區的建立打開了一條通往中國市場的快速通道,降低韓國商品流入中國的成本,增大商品流出量,帶動國內經濟發展,復甦韓國產業。最後,中韓兩國

簽訂自貿區協議將對亞太地區產生深遠影響。

3.2.3.5 中日韓自由貿易協定

1999年11月，中日韓三國領導人在馬尼拉會議上就構建中日韓自由貿易區達成共識。2012年11月，三國經貿部長會晤，宣布正式啟動中日韓自由貿易區談判。在2013年3月26—28日啟動中日韓自貿區第一輪談判，三方討論了自由貿易區的機制安排、談判領域和談判方式。至此，中日韓自貿區的大幕，終於掀開了一角。經過三年的長跑，中日韓自貿區第九輪談判於2016年1月18日在東京舉行。在中日韓自貿區協議談判過程中，中日韓三方均認為，建立中日韓自由貿易區，符合三國的整體利益。三國自由貿易區為三國之間的貿易渠道提供了更大的便利，充分發揮了三國間的產業互補性。中日韓自由貿易區的建立不僅會促進三個國家的經濟發展，同時也會帶來整個東亞區域的穩定與繁榮。

中日韓三國地理位置相鄰，在政治、經濟、文化上存在著廣泛的往來和緊密的聯繫，是構建中日韓自由貿易區的先天優勢，增加了中日韓三國構建自貿區的可能性。從中日韓三國經濟關聯上來看，三國經過長期的經濟合作與融合，在經濟上形成了明顯的互補關係。日本屬於發達國家，其優勢體現在擁有尖端技術、優質產業和高端產品；韓國屬於相對發達的工業化國家，其比較優勢表現為相對先進的技術、較為健全和先進的產業體系；中國屬於工業化進程中的發展中國家，擁有巨大的市場和豐富的勞動力。在這種形式下，三國可取長補短、各自發揮優勢協同發展，展開有效的區域合作。以加工貿易為例，日本和韓國向中國出口高端材料零部件等，在中國加工組裝後再出口到日韓或歐美市場。構建中日韓自由貿易區後，可以進一步促進三國間的市場內部聯繫，有利於挖掘各自市場潛能，發揮三國市場聯動效應，為促進三國經濟發展提供有效市場需求，為三國經濟發展提供新的動力。中日韓自貿區的構建，將會豐富人民的物質文化生活。自貿區建成後，區內貿易關稅和其他壁壘將會被取消，降低產商的生產成本，這將會為三國人民提供更好、價格更便宜的產品與服務。同時，三國間旅遊市場、教育生產和文化產品生產等方面也會得到大規模的擴張，促進三國間的人員往來，促進文化交融，增強三國間的互信與友好。中日韓自貿區的建立，不僅會給三個國家帶來巨大的好處，同時也會帶動整個亞洲區域經濟的發展，從而加速亞洲區域經濟一體化進程。中日韓是亞洲三個舉足輕重的重要國家，中日韓自貿區的建立，必會成為主導亞洲經濟走向的重要力量，這對於維護區域和平穩定，促進整個亞洲經濟可持續健康發展有著重要的意義。

3.2.3.6 區域全面經濟夥伴關係（RECP）

2012年11月20日，（RCEP）談判正式啟動。區域全面經濟夥伴關係協定覆蓋16個成員國，這些成員國總體人口眾多，幾乎占全世界人口的50%；從經濟規模來看，這16個成員國的GDP總值，對外貿易總額大約占全世界的三分之一。由此可以看出，區域全面經濟夥伴關係協定，成員國眾多，總體經濟規模強盛，是中國參與的成員最多、規模最大的自貿區談判。從RECP的發展來看，RECP具有以下幾個特點：第一，RECP是東亞地區經濟一體化合作機制。東盟此前已分別與中國、日本、韓國、澳大利亞、新西蘭和印度簽署了5份自由協定。這5個「10+1」自由貿易協定為RECP的構建奠定了有利基礎，RECP將這5個自由貿易協定加以整合實現一體化，進一步擴大東盟與6個夥伴國之間合作的深度與廣度。第二，RECP目標在於制定高水準自由貿易協定。面對TPP的高標準，東盟欲改變國際上對東盟經濟整合鬆散、自由化品質不佳的印象，誓言將RECP也打造成高標準的區域貿易協定。根據RECP指導原則文件，各國同意推動「高水準」的自由化工作，RECP自由化程度高於目前的5個「10+1」自貿協定。第三，RECP平衡TPP在亞太地區的影響，為發展中國家尋求戰略平臺。東盟中未參與TPP的成員國主動推出RECP意欲構建亞洲經貿規則，為區域內的發展中國家，包括中國提供了相對舒適的區域一體化談判平臺。

中國是東亞的重要經濟體，與東盟最早成立的「10+1」自貿區是東亞地區經濟合作的重要推動力量。中國支持RECP將會有以下好處：一是促進中國出口貿易及整體經濟的發展。RECP的目標是消除內部貿易壁壘，創造完善的自由投資環境。貿易壁壘的消除使各個成員國的出口成本大大降低，這必將增加RECP區域經濟的活力，重新配置區內生產要素，提高勞動生產率，使得區域內貿易迅速增加，帶動成員國經濟增長。二是RECP是東亞國家主動應對TPP的一個突破口，可以避免東盟主導權被旁落的疑慮。有鑒於此，中國應該從戰略層面高度重視和推動RECP的談判進程，採取積極主動的談判政策。在16個RECP成員中，中國經濟發展處於中上水準，在5個「10+1」自貿區中，貨物貿易的開放程度和實施效果處於高位，因此，在RECP的談判中，中國有條件成為積極的推動者。在RECP談判中採取積極和進取性的戰略也有助於推動中國國內市場和管理體制的開放與改革。

3.3 人民幣離岸市場的迅速發展

離岸市場的建設可以在一定程度上促進一國貨幣的國際化。何東和McCauley（2010）指出，離岸金融市場的發展壯大可以提高一國貨幣的被接受程度，尤其是對於希望實現本幣國際化但由於國情仍處於資本帳戶管制的國家，這種作用可能是更為顯著的。

隨著中國經濟的高速發展，跨境貿易人民幣結算也隨之快速發展，在資本項目沒有完全開放、人民幣不能自由兌換的情況下，人民幣離岸市場建立的主要原因是境外的人民幣不能夠進入國內資本市場。通過建立一個專門的境外市場，可以解決境外個人和企業持有人民幣中的流通和交易問題。

3.3.1 香港人民幣離岸市場

目前，香港已經成為最重要的人民幣離岸市場，這是因為香港作為亞洲的國際金融中心之一，有著得天獨厚的有利條件。

3.3.1.1 香港人民幣離岸市場的發展歷程

2003年11月19日，中國人民銀行與香港金管局簽署合作備忘錄。中國人民銀行同意香港銀行在港開展人民幣業務，並為香港的人民幣業務提供清算渠道和回流機制。2004年2月和4月，香港銀行開始為香港居民辦理個人人民幣的存款、匯款和兌換業務，並隨後推出人民幣銀行卡的發行。為進一步滿足香港人民幣業務發展需要，經國務院批准，2005年11月1日，中國人民銀行發布第26號公告，公告包含了香港人民幣業務在新的階段內兩個方面的內容：一是完善現有的香港人民幣業務。舉措主要有擴大能兌換人民幣現鈔的商戶範圍；放寬香港居民個人人民幣現鈔兌換、匯款的限額；同時取消香港銀行發行人民幣卡的授信限額，並且為香港居民個人簽發人民幣支票提供清算服務。二是拓展香港人民幣業務。2007年1月10日，經國務院常務會議決定，同意進一步擴大香港人民幣業務，內地金融機構經批准可以在香港發行人民幣金融債券，中國人民銀行將為此項業務提供相應的清算安排。這進一步擴大了香港居民及企業所持有人民幣回流到內地的渠道，從而有助於內地和香港的經濟往來。

3.3.1.2 香港人民幣離岸市場人民幣業務量

香港人民幣離岸市場是中國目前資金池額度最大的人民幣離岸市場。截止

到 2016 年 1 月，香港地區經營人民幣業務的認可機構數目達 145 家，相比 2004 年的 38 家，增長了將近 4 倍。其中，在這些機構開設的人民幣活期及儲蓄存款戶口共有 4,912,176 個，人民幣定期存款戶口有 904,497 個，人民幣存款總額達 8,521 億元①。

表 3.11 顯示了 2004—2015 年香港的人民幣存款。從中可以發現，香港人民幣存款分別在 2008 年、2010 年、2011 年和 2013 年有較大的突破。自 2004 年 2 月，香港地區開始辦理人民幣業務，截至 2004 年年末，存款總額達 121 億元，經營人民幣業務的機構共有 38 家。2005 年，香港地區的人民幣業務有很大發展，人民幣存款增長了 86%，達到 226 億元。2006 年和 2007 年，人民幣存款又分別達到 234 億元和 334 億元，人民幣存款穩定增加。2008—2009 年發展較為快速。雖然 2008 年爆發了全球金融危機，但是這並沒有阻礙人民幣離岸市場的發展進程。香港地區人民幣存款在 2008 年年末達到 561 億元，比 2007 年上升了 68%。2009 年，經營人民幣業務的機構數目有了較大發展，增加到 60 家。2009 年 7 月，人民幣貿易結算試點啓動。部分跨境貿易開始使用人民幣結算，這促使了大量的人民幣流向香港，造成 2010 年香港地區人民幣存款的飛躍式增加，達到 3,149 億元，比 2009 年增長了 4 倍左右，經營人民幣業務的結構數增加到 111 家，比上年新增了 51 家。2011 年在 2010 年的基礎上保持了高速發展的趨勢，存款總額增加到 5,885 億元，同比上升了 87%。經營人民幣業務的機構數也有所增加，一年之內新增了 28 家。在 2012 年，人民幣存款增速有所放緩，但在 2013 年又開始反彈，到 2014 年年末，香港地區人民幣活期存款規模為 1,770 億元，定期存款規模為 8,266 億元，存款總額為 10,036 億元，達到歷史最高，同比增長 17%，占香港金融機構總存款的 12.43%，占香港外幣存款的 23.7%。在 2015 年，香港地區人民幣存款開始出現下降，截至 2015 年 12 月末，香港地區人民幣存款至 8,511 億元，下降 1,525 億元，降幅達 15.2%，這是歷史上香港地區人民幣存款首次出現全年下跌。這主要是因為人民幣兌美元貶值，導致投資者拋售人民幣資產，令香港地區人民幣資金池和「點心債」等人民幣資產收縮。

---

① 數據來源於香港金融管理局。

表 3.11　　　　　　　香港地區人民幣存款額變化　　（單位：億元人民幣）

時間 (年)	活期及 儲蓄存款	定期存款	總計	變化率	經營人民幣業務 的認可機構數目
2004	54	67	121	—	38
2005	106	120	226	0.86	38
2006	122	112	234	0.04	38
2007	225	109	334	0.43	37
2008	381	179	561	0.68	39
2009	407	221	627	0.12	60
2010	1,176	1,974	3,149	4.02	111
2011	1,764	4,121	5,885	0.87	133
2012	1,235	4,795	6,030	0.02	139
2013	1,511	7,094	8,605	0.43	146
2014	1,770	8,266	10,036	0.17	149
2015	1,609	6,902	8,511	-0.15	145

數據來源：香港金融管理局. 金融數據月報［J］. 2016（259）.

表 3.12 是 2009 年 7 月以來的香港銀行處理的跨境貿易人民幣結算情況，從中可以看出，香港地區的跨境貿易人民幣結算增長速度快。人民幣結算額在 2009 年下半年只有 18.54 億元，到 2015 年，全年累計人民幣結算 68,331 億元。2011 年，香港跨境貿易人民幣結算量突飛猛進，比 2010 年增長了 419%，此後幾年，每年的增長率分別為 38%、46%、63% 和 10%。伴隨著貿易人民幣結算的增加，香港地區的人民幣匯款也隨之上升。圖 3.6 列出了兩地人民幣貿易匯款的數據，從中可以發現，2015 年以前，除了 2011 年下半年，其他時間段內，由內地匯至香港的人民幣額要多於香港匯至內地的人民幣額，這導致了香港地區人民幣存款的增加。在 2015 年，香港匯至內地的人民幣達 30,263 億元，而內地匯至香港的只有 25,351 億元，說明香港的人民幣開始回流入內地，這也導致了 2015 年香港地區人民幣存款的降低。

表 3.12　　　2010—2015 香港銀行處理的人民幣貿易結算　　（單位：億元）

時間	2009 年	2010 年	2011 年	2012 年	2013 年	2014 年	2015 年
1 月	—	12.2	1,080	1,564	2,685	4,923	5,480
2 月	—	4.11	874	1,875	2,217	3,941	4,620

表3.12(續)

時間	2009年	2010年	2011年	2012年	2013年	2014年	2015年
3月	-	25.3	1,154	2,273	3,408	6,024	6,162
4月	-	29.8	1,342	1,771	2,754	4,615	4,842
5月	-	67.5	1,534	2,234	3,181	4,440	4,925
6月	-	132	2,051	2,414	2,708	5,318	5,929
7月	0.43	103	1,490	2,234	2,854	5,076	5,836
8月	0.2	386	1,858	2,542	3,042	4,962	7,279
9月	0.34	300	1,906	2,393	3,317	6,056	7,386
10月	0.19	686	1,615	1,954	3,153	5,323	4,108
11月	3.78	937	1,850	2,430	4,394	5,328	5,089
12月	13.6	1,009	2,390	2,641	4,696	6,578	6,675
總額	18.54	3,691.91	19,144	26,325	38,409	62,584	68,331

資料來源：香港金融管理局數據整理及計算所得。

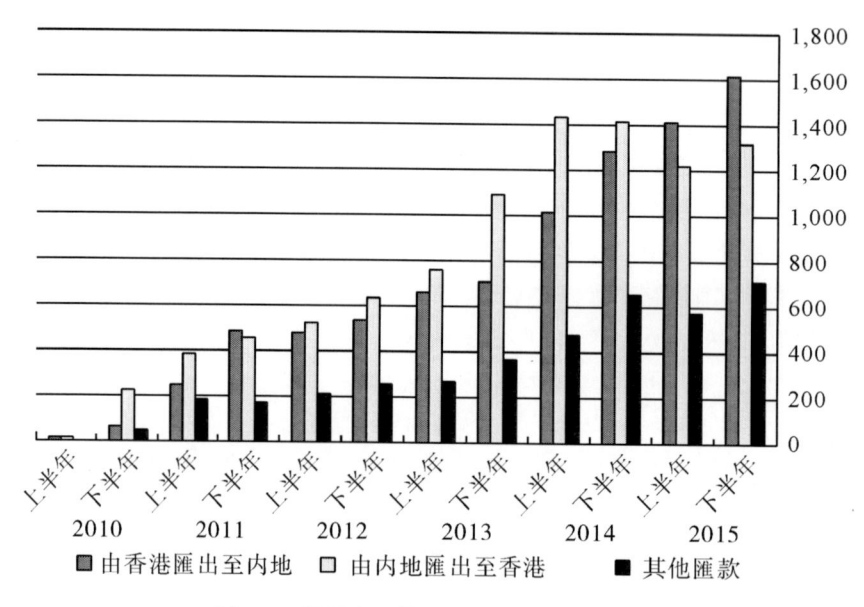

圖3.6 貿易人民幣匯款（單位：十億元）

資料來源：《貨幣與金融穩定情況半年度報告（2016年3月）》。

中國內地與香港之間的跨境貿易發展已比較成熟。2015年，兩者之間的貿易額為39,205.64億港元，占香港當期貿易總額的51.2%。香港與內地的貿易額幾乎占香港貿易總額的一半左右（見圖3.7）。內地與香港貿易關係的發

展，大大促進了貿易中人民幣結算量。

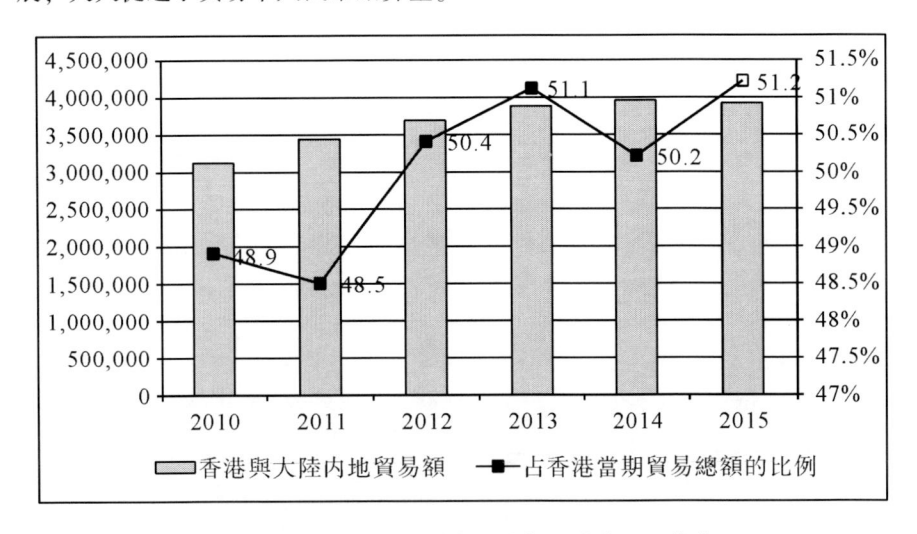

圖 3.7 香港與中國內地的貿易總額（單位：百萬港元）
資料來源：香港金融管理局數據整理及計算所得。

3.3.2 臺灣人民幣離岸市場

改革開放以來，中國政府在「和平統一、一國兩制」的對臺基本方針政策下，對兩岸貿易、投資以及人員往來方面一直保持著積極的態度，有效推動了兩岸關係向前發展。海峽兩岸關係的健康與穩定發展是建立臺灣人民幣離岸市場的基本條件。近年來，兩岸經貿和人員往來更加密切，人民幣幣值呈現穩中有升的趨勢，使人民幣受到臺灣地區社會各界的歡迎。

3.3.2.1 人民幣在臺灣地區的業務發展歷程

2005 年 10 月 3 日，臺灣首次放開金門、馬祖兩地試辦人民幣業務，規定凡符合金門、馬祖兩岸海上直航入出境規定的臺灣民眾或大陸旅客，都可以在金門、馬祖許可的金融機構內兌換人民幣，但是每次兌換額不能超過兩萬元。2008 年 6 月 30 日，臺灣「中央銀行」正式核准了臺灣銀行等 14 家金融機構，共 1,240 家分行，開始辦理人民幣現鈔買賣業務。2011 年 7 月 21 日，臺灣金融主管部門制定「臺灣地區銀行人民幣業務規定」，開放海外金融業務分析及海外分行辦理人民幣業務。2012 年 8 月 31 日，兩岸貨幣管理機構簽署了《海峽兩岸貨幣清算合作備忘錄》，兩岸貨幣管理機構將據此建立兩岸貨幣清算機制。此舉標志著兩岸貨幣合作步入新的發展階段。

3.3.2.2 臺灣地區銀行辦理人民幣業務量

臺灣地區銀行辦理人民幣業務量發展迅速。2014 年，中國大陸與臺灣地區全年辦理跨境人民幣實際收付為 4,980.3 億元，同比增長 92.2%，占同期收付總額的 5%。截至 2014 年年末，臺灣地區受理人民幣業務的外匯指定銀行（DBU）為 67 家，國際金融業務分行（OBU）為 59 家。根據表 3.13 可知，截至 2016 年 1 月，人民幣在臺灣地區的存款餘額有 3,201.47 億元，比 2013 年 2 月增加了 7 倍多；匯款總額達 2,680.69 億元，比 2012 年 2 月增加了 14 倍多。在跨境貿易人民幣結算方面，臺灣地區也取得了很大的進展。到 2016 年 1 月，已累計辦理貿易人民幣結算 111,202 億元。從圖 3.8 中可以看出，雖然每月結算的人民幣規模波動很大，但是累計額卻是一直在增加。

表 3.13　　　　臺灣地區銀行辦理人民幣業務量　　　　（單位：億元）

日期	存款餘額	匯款總額	日期	存款餘額	匯款總額
2013 年 2 月	390.11	173.07	2014 年 8 月	2,952.44	681.38
2013 年 3 月	482.99	245.41	2014 年 9 月	3,004.29	1,231.74
2013 年 4 月	568.79	240.67	2014 年 10 月	3,005.15	2,004.36
2013 年 5 月	662.85	428.41	2014 年 11 月	3,006.01	2,212.70
2013 年 6 月	711.98	375.21	2014 年 12 月	3,022.67	3,190.37
2013 年 7 月	768.59	673.16	2015 年 1 月	3,102.00	2,595.04
2013 年 8 月	851.41	396.38	2015 年 2 月	3,187.65	1,710.64
2013 年 9 月	986.59	369.75	2015 年 3 月	3,245.82	2,731.84
2013 年 10 月	1,232.47	495.87	2015 年 4 月	3,301.25	2,120.55
2013 年 11 月	1,551.23	592.17	2015 年 5 月	3,362.85	2,048.84
2013 年 12 月	1,826.00	1,004.54	2015 年 6 月	3,382.18	2,975.33
2014 年 1 月	2,145.22	809.54	2015 年 7 月	3,366.45	2,653.00
2014 年 2 月	2,470.51	706.53	2015 年 8 月	3,297.89	4,073.03
2014 年 3 月	2,683.92	886.23	2015 年 9 月	3,223.29	2,299.04
2014 年 4 月	2,875.37	707.77	2015 年 10 月	3,202.65	1,697.14
2014 年 5 月	2,900.79	735.81	2015 年 11 月	3,178.61	2,102.18
2014 年 6 月	2,927.38	758.53	2015 年 12 月	3,193.78	3,451.49
2014 年 7 月	2,930.26	788.67	2016 年 1 月	3,201.47	2,680.69

資料來源：臺灣「中央銀行」官網。

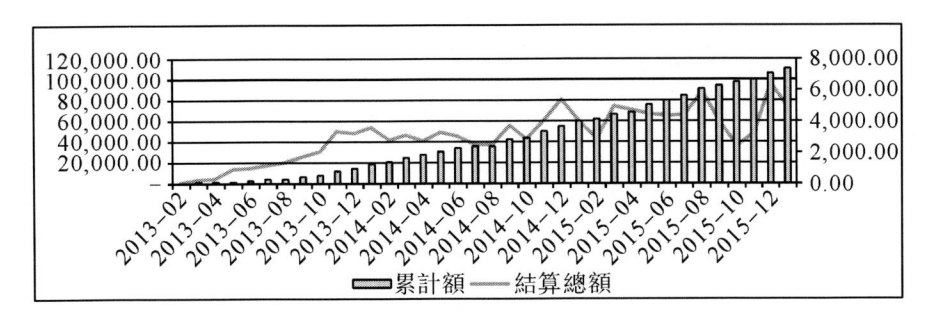

图 3.8 人民幣貿易結算額（單位：億元）

數據來源：臺灣「中央銀行」官網。

　　從臺灣地區與大陸貿易人民幣結算發展前景來看，兩地之間緊密的經貿關係是人民幣結算的堅實基礎。兩岸之間投資與貿易的增長，將對人民幣的貿易結算提供實質上的便利。根據海關總署公布的 2015 年外貿數據，2015 年，兩岸貿易總額 1,885.6 億美元，大陸共批准臺商投資項目 2,962 個，實際使用臺資 15.4 億美元，經大陸主管部門核准的赴臺投資企業和項目 95 個，投資金額 4.36 億美元。臺灣是大陸第七大貿易夥伴和第六大進口來源地。而大陸是臺灣地區最大的貿易夥伴，並且是其第一大出口目的地和第一大進口來源地①。

3.3.3　澳門人民幣離岸市場

　　相對香港、澳門地區的人民幣業務正式開始的相對較晚。2004 年 8 月 3 日，中國人民銀行頒布第 8 號公告，指出為了方便中國內地與澳門之間的經貿和人員往來，引導在澳門的人民幣有序回流到內地，中國人民銀行將為在澳門辦理個人人民幣存款、兌換、銀行卡和匯款業務的有關銀行提供清算安排。隨後，中國銀行澳門分行被選定為澳門銀行的個人人民幣業務清算行，澳門個人人民幣業務於 2004 年 11 月 3 日正式開辦。2009 年 12 月 14 日，中國人民銀行擴大了為澳門銀行辦理人民幣業務提供平盤及清算安排的範圍：一是增加人民幣現鈔兌換的限額至 20,000 元，同時擴大澳門人民幣業務指定的商戶範圍；二是授權澳門人民幣業務清算行，使之有權為澳門居民個人簽發的支票提供清算服務。為進一步落實並開通澳門跨境貿易人民幣結算清算渠道業務試點，中國人民銀行和澳門金融管理局同時還在澳門簽署了補充監管合作備忘錄。有關人民幣結算清算政策的發布及業務範圍的擴展，為澳門在對外貿易中的人民幣

---

① 中國產業信息. 大陸共批准臺商投資項目 2,081 個，同比上升 21.3% [EB/OL] (2015-11-10). http://www.chyxx.com/data/201511/357182.html.

結算提供了直接的便利。

自澳門銀行正式辦理人民幣業務以來，人民幣在澳門日益受到歡迎，因此推動了澳門人民幣存款數額的日益增加。根據相關統計數據，截止到2004年12月，澳門地區的人民幣存款只有8,206萬元，到2012年年末，這一數字達到416.3億元，增長了500多倍①。根據澳門金融管理部門統計，澳門地區的人民幣存款總額在2013年年末、2014年年末和2015年年末分別達到108.9億澳門元、128.9億澳門元和79.2億澳門元。澳門地區人民幣存款總額大體呈上升趨勢（見圖3.9），但截止到2015年年末，澳門地區人民幣存款額比2014年末少了49.7億澳門元，同比下降了38.6%。

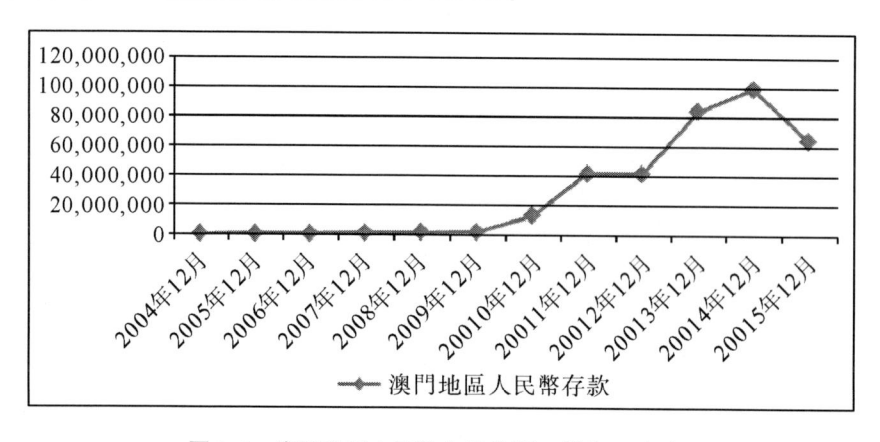

圖3.9　澳門地區人民幣存款總額（單位：千元）

數據來源：澳門金融管理局。

以往澳門地區的貿易結算貨幣多為美元和港元，人民幣只是在民間往來中有部分使用。自人民幣貿易結算試點啟動以來，澳門地區對外貿易的人民幣結算量有了較大幅度的提高。表3.14是2010來以來澳門地區人民幣跨境貿易結算量統計。從中可以看出，在2010年1月，澳門地區對外貿易的人民幣結算量僅有0.35億元，到2010年12月底，這一數字增加到13.1億元，說明澳門地區貿易的人民幣結算量在這一年內增長了37倍多。在2015年，澳門地區人民幣貿易結算額從1月份230.2億元增加到12月份283.2億元，增長了23%。從人民幣結算總額來看，2015年，澳門銀行共辦理了人民幣結算2,581.9億元，比上年同比增加了13.8%，比2010年總額60億元增加了近43倍。人民幣貿易結算在澳門已經形成良好的發展勢頭。

---

① 梅德平. 跨境貿易人民幣計價結算問題研究［M］. 武漢：武漢大學出版社，2014.

表 3.14　　　　　　　澳門地區人民幣跨境貿易結算　　　（單位：千元）

時間	2010 年	2011 年	2012 年	2013 年	2014 年	2015 年
1 月	35,002	2,483,916	4,479,095	10,458,302	16,928,505	23,024,227
2 月	75	1,786,400	5,840,247	9,426,057	13,256,582	17,854,015
3 月	177,653	1,902,851	9,994,482	15,853,213	21,278,944	26,280,958
4 月	32,926	5,426,726	6,141,665	12,098,627	18,882,236	17,659,645
5 月	173,065	3,949,284	13,253,895	10,766,597	22,142,770	21,977,485
6 月	273,802	4,348,606	5,798,602	10,576,271	17,713,579	29,984,764
7 月	261,967	2,569,708	6,392,342	13,049,445	14,400,741	21,517,506
8 月	905,466	6,921,060	8,476,597	9,054,298	11,443,277	23,387,977
9 月	216,036	6,662,756	8,022,505	17,895,423	18,022,606	22,314,711
10 月	294,282	6,614,519	8,985,073	12,061,165	24,964,342	10,448,027
11 月	2,324,699	9,821,758	11,329,022	15,214,328	28,390,966	15,423,266
12 月	1,309,653	8,867,560	9,315,498	13,109,286	19,553,233	28,317,416

數據來源：澳門金融管理局。

3.4　「一帶一路」建設與亞投行助推人民幣周邊化

3.4.1　「一帶一路」建設為人民幣國際化帶來新機遇

2013 年，習近平主席提出共建絲綢之路經濟帶和 21 世紀海上絲綢之路的偉大倡議。作為世界上最長、最有潛力的經濟大走廊，「一帶一路」東聯亞太經濟圈，西系歐洲經濟圈，經過眾多國家和城市，涉及約 30 億人。「一帶一路」倡議建議沿線國家上至政策，下至基礎設施，從貿易到資金，乃至民心，相互溝通融通，為構建沿途所有國家的繁榮而努力。

「一帶一路」建設為國內沿途省份的發展提供了良機。從東南的福州、廣州、湛江、海口等城市，到西部的西安、烏魯木齊，從基建行業到旅遊、金融、交通等服務業，「一帶一路」建設使中國與古代絲綢之路和海上之路的友好國家更好地聯繫起來，為國內的發展提供豐富的市場和資源。同樣，「一帶一路」建設將作為人民幣「走出去」戰略的重要平臺。從範圍角度來看，「一帶一路」建設的貿易將使「人民幣投資與貿易圈」不斷擴大，使人民幣從周

邊化，推進至區域化，最後達到國際化。從職能來看，「一帶一路」建設有利於中國輸出人民幣資本，推進人民幣貿易結算功能，增加沿途國家對人民幣的依存度和需求，使人民幣發揮計價結算、投資儲備的國際貨幣職能。

首先，人民幣的結算功能將在「一帶一路」建設中擴大。「一帶一路」建設對中國的一大機遇是中國西部可以通過「一帶一路」建設向外輸送過剩產能，同時也能達到和沿途國家共享發展紅利的目的。其中，過剩產能的輸送離不開通路和通航。修建通往周邊國家的公路、鐵路是加速中國與周邊國家商品貿易流轉的基礎。人民幣作為支付結算貨幣可以減少匯兌成本。因此，人民幣的支付結算將成為必然，這開闊了人民幣周邊化的前景。

其次，「一帶一路」建設中使用人民幣作為大宗商品計價結算貨幣將成為人民幣周邊化的突破口。「一帶一路」建設將帶動中國與沿途國家大宗商品交易，而中國有望通過國際期貨市場商品合約價格以及同貿易夥伴之間的協商，獲得大宗商品的定價權。從能源來看，「一帶一路」建設經過中東石油輸出國家，將加強中國與石油輸出國家的貿易關係。中俄、中亞天然氣管道，西南電力通道，中俄電力通道等基礎建設有利於破除貿易壁壘，加深中國與「一帶一路」建設中能源輸出國的合作。

最後，旅遊業的需求。「一帶一路」建設將推動中國和中亞、東南亞等地區的旅遊合作。國家積極鼓勵和支持絲路旅遊，將為中國帶來高額收入。同時，也增加了絲路國家對人民幣的需求，拓寬了人民幣的交易結算渠道。

總之，「一帶一路」建議為人民幣「走出去」創造了良機。「一帶一路」建設順應經濟全球化潮流，努力使各國同享全球化的紅利。中國經濟的持續發展讓世界為之驚嘆，作為製造業大國，中國有能力向其他國家輸出物美價廉的商品和設備。並且，中國擁有巨大外匯儲備，有實力進行海外投資，能攜手大國共同應對金融風險。隨著「一帶一路」建設的加速推進，中國和沿線國家的經濟文化等各方面交流將得到深化，人民幣的跨境貿易結算地位將不斷提高。

3.4.2　亞投行加速人民幣周邊化

亞洲是世界上最大的市場，其擁有全球60%以上的人口，地區生產總值占世界的20%~30%。但亞洲發展中國家的基礎設施卻很落後。基礎設施建設資金需求巨大，是現在大力發展基礎設施建設的重要障礙。據亞洲開發銀行估算，2010—2020年，亞洲每年需要投入7,500億美元用於基礎設施建設，才能保障亞洲當前的經濟增長水準。無論是以美國為中心的國際金融體系還是美日主導的亞

洲開發銀行,都無法滿足如此大的資金需求。作為亞洲第一大經濟體,中國倡議成立亞洲基礎設施投資銀行,將為維持亞洲共同發展提供了資金支持。

2013年10月,中國領導人在出訪東南亞的時候提出了籌建亞洲基礎設施投資銀行的倡議,得到了廣泛的支持。2014年10月24日,包括中國在內的21個首批意向創始成員國代表在北京正式簽署《籌建亞投行備忘錄》,決定成立亞洲基礎設施投資銀行。同年11月28日,籌建亞洲基礎設施投資銀行首次協商會議在雲南昆明舉行,為正式啓動亞洲基礎設施投資銀行章程談判做準備。2015年4月15日,亞洲基礎設施投資銀行意向創始成員國確定為包括俄羅斯、韓國、英國、法國、德國等在內的57個國家,其中域內國家37個,域外國家20個。2015年2月25日,《亞洲基礎設施投資銀行協定》正式生效,亞洲基礎設施投資銀行宣告成立。中國主導亞洲基礎設施投資銀行的成立,是中國第一次作為主動引領者參與經濟全球化,這是對現有金融游戲規則的挑戰,更是中國重塑國際金融體系的開始。亞洲基礎設施投資銀行是繼世界銀行和亞洲開發銀行之後的又一大國際性金融組織,這將改變亞洲金融格局,同時也會對世界金融體系產生巨大影響。

亞洲基礎設施投資銀行的成立將助推人民幣周邊化和國際化的實現。首先,亞洲基礎設施投資銀行將為中國經濟增長提供助力。中國作為亞投行份額最大的創始成員國,在滿足亞洲各國基礎設施建設中的資金和產能需求方面將扮演重要角色。中國在基礎設施的建設以及基礎設施裝備的製造方面已經處於國際一流水準,在亞洲各國基礎設施建設中,會使得中國的這部分產業進一步走出國門,從而拉動國內相關產業發展。亞洲基礎設施的投資建設會促進中國相關行業的產品出口,從而拉動國內總需求,使得中國經濟實力增強和國際地位得到提高,而中國經濟實力的增強以及國際地位的提高無疑是人民幣國際化的強大保障。其次,亞洲基礎設施投資銀行的成立將形成以人民幣為核心的融資機制,人民幣將在對外貸款和對外投資發揮更大的作用,這將有助於人民幣成為亞洲國家的儲備貨幣,減輕美元週期性貶值造成的損失,也能減輕中國外匯儲備的壓力。

4 人民幣周邊化的現狀分析

中國經濟的快速發展，大大提高了人民幣在國際上的信譽度，同時人民幣在周邊國家和地區的流通及使用範圍也越來越廣泛。但是，人民幣在周邊區域內的國際化現狀是怎樣的呢？人民幣開始執行交易媒介、價值尺度和儲藏手段國際貨幣職能了嗎？本章試圖對以上兩個問題進行回答。

4.1 周邊區域內的跨境貿易人民幣結算

4.1.1 中國與周邊國家和地區的跨境貿易發展

人民幣在周邊區域內的流通，一方面是市場自發形成的，另一方面是政府的大力支持。目前，中國政府主要從擴大貿易人民幣結算方面增加人民幣在境外的流通，並因此頒布了一系列的關於人民幣結算的政策。

4.1.1.1 國家關於人民幣跨境貿易結算的政策措施

2008年12月24日，國務院正式確定對廣東和長江三角洲地區與港澳地區、廣西和雲南與東盟的貨物貿易進行人民幣結算試點。近年來，中國關於人民幣貿易結算的相關政策多達23項，從個別城市試點開始，最後擴大到全國。2009年7月1日，人民幣結算試點正式啓動。為便於試點企業和銀行辦理相關業務，為便利各項跨境人民幣業務的順利開展，2010年9月29日，中國人民銀行發布《境外機構人民幣銀行結算帳戶管理辦法》，明確境外機構可申請開立人民幣銀行結算帳戶。為鼓勵和擴大人民幣跨境使用，上海自貿區內開展了各項跨境人民幣業務創新試點。除了以上促進跨境貿易人民幣結算的相關政策之外，中國還在很多國家內設立人民幣清算行。在2014年7月4日，中國人民銀行授權交通銀行首爾分行擔任韓國首爾人民幣業務清算行。2015年1月5日，中國人民銀行又授權中國銀行（馬來西亞）有限公司和中國工商銀行（泰國）有限公司分別擔任吉隆坡人民幣業務清算行和曼谷人民幣業務清

算行。

4.1.1.2 中國與周邊國家和地區的經貿往來

中國與周邊國家的貿易額在逐年增加（見表4.1）。2010至2014年，中國與周邊23個國家的貿易額分別達到9,582億美元、11,608.2億美元、12,009.4億美元、12,499.1億美元和13,116.1億美元，平均年增長率達到8.4%，並分別占中國與亞洲總貿易額的61.2%、61%、58.7%、56.2%和57.8%。其中，日本、韓國和馬來西亞是與中國產生貿易額最大的三個國家，三個國家的貿易額平均占中國與整個亞洲貿易額的34%。

表4.1　　　中國同周邊國家和地區五年內的進出口貿易額　單位：億美元

國家（地區）	2010年	2011年	2012年	2013年	2014年
阿富汗	1.79	2.34	4.69	3.38	4.11
不丹	0.02	0.17	0.16	0.17	0.11
文萊	10.32	13.11	16.26	17.94	19.37
緬甸	44.42	65.01	69.72	101.96	249.69
柬埔寨	14.41	24.99	29.23	37.73	37.58
朝鮮	34.72	56.41	60.36	65.58	63.88
印度	617.61	739.08	664.73	654.03	705.76
印度尼西亞	427.50	605.55	662.34	683.55	635.45
日本	2,977.80	3,428.34	3,294.56	3,123.78	3,123.12
老撾	10.85	13.01	17.21	27.33	36.17
馬來西亞	742.49	900.23	948.32	1,060.83	1,020.06
蒙古	40.02	64.33	66.01	59.59	73.18
尼泊爾	7.43	11.95	19.98	22.54	23.31
巴基斯坦	86.69	105.58	124.14	142.16	159.98
菲律賓	277.62	322.47	363.75	380.50	444.58
新加坡	570.76	637.10	692.73	758.96	797.40
韓國	2,071.15	2,456.26	2,564.15	2,742.38	2,904.42
泰國	529.37	647.34	697.51	712.41	726.21
越南	300.86	402.08	504.39	654.78	836.36
哈薩克斯坦	204.49	249.61	256.82	285.96	224.52

表4.1(續)

國家（地區）	2010年	2011年	2012年	2013年	2014年
吉爾吉斯斯坦	42.00	49.76	51.62	51.38	52.98
塔吉克斯坦	14.33	20.69	18.57	19.58	25.16
俄羅斯	555.33	792.73	882.11	892.59	952.70
中國香港	2,277.06	2,835.45	3,416.09	4,011.02	3,761.43
臺灣	1,452.88	1,599.61	1,689.63	1,971.62	1,985.93
中國澳門	22.56	25.14	29.85	35.64	38.16

數據來源：IMF，Direction of trade。

中國與周邊國家和地區貿易額的增加，隨之而來的就是跨境貿易人民幣結算量的上升。近年來在國家政策的大力推動下，跨境貿易人民幣結算比例逐年提高，特別在是中國與周邊國家和地區的貿易之中。表4.2列出了2006年在中國與周邊一些國家的貿易中人民幣的結算比例。從中可以看出，中越貿易和中緬貿易、中蒙貿易和中朝貿易的順利推進會導致人民幣在這些國家內的大規模流通。

表4.2　　2006年中國與周邊一些國家貿易中人民幣結算比例　　單位：%

國別	越南	緬甸	蒙古	朝鮮	俄羅斯	哈薩克斯坦	尼泊爾
比例	96	90	71	79	0.002	0.002	5.43

資料來源：李東榮.人民幣跨境計價結算：問題與思考［M］.北京：中國金融出版社，2009：14.

4.1.2　中國邊貿發展與人民幣的計價結算

為進一步說明跨境貿易中人民幣結算情況，本部分以邊境貿易為例，對邊貿人民幣結算進行深入分析。

隨著中國改革開放的逐步推進，中國周邊的一些省（區）與所接壤的國家之間的邊貿發展迅速壯大起來，這不僅對這些地區經濟的發展發揮了重要作用，也對人民幣的國際化起到了一定的推動作用。因為處於貿易方便性考慮，雙方貨幣會成為邊境貿易結算的重要選擇，人民幣憑藉自身的優勢，在邊貿發展中多是作為雙方交易的計價結算貨幣。

4.1.2.1　中國邊境貿易概況

中國內陸邊境線漫長，共有2.2萬千米，沿邊界線分佈著遼寧、吉林、黑

龍江等9個省區的135個縣（市、市轄區），基本涵蓋了中國大西部版圖，容括了107個少數民族自治地方。邊界線外側分別與朝鮮、越南等15國接壤，是世界上陸地邊界線最長、周邊鄰國最多的國家之一。從地理位置上看，中國內陸邊界線大體可分為三段，即東北部邊界線段、西北部邊界線段和西南部邊界線段（見表4.3）。

表4.3　　　　　　　　　　中國邊境主要貿易夥伴國

省（區）		中國邊境主要貿易夥伴國
中國東北邊境地區	遼寧	朝鮮
	吉林	朝鮮、俄羅斯
	黑龍江	俄羅斯
	內蒙古	俄羅斯、蒙古
中國西北邊境地區	甘肅	蒙古
	新疆	俄羅斯、哈薩克斯坦、吉爾吉斯斯坦、塔吉克斯坦、巴基斯坦、印度、阿富汗
中國西南邊境地區	西藏	印度、尼泊爾
	雲南	越南、老撾、泰國、緬甸
	廣西	越南

中國東北邊境地區位於中國東北和北部，亞洲正東部，是溝通歐洲和亞太地區的連接地，邊境線長達8,978千米。東北部邊界線段毗鄰朝鮮、俄羅斯、蒙古國東部，共包含三個省邊境地區。①遼寧省邊境地區。它位於中國東北地區南部，邊境線303千米，是同時具有沿邊、沿江、沿海的邊境地區。從20世紀50年代開始，遼寧省商業廳所屬的遼寧省邊境貿易公司就與朝鮮的鴨綠江貿易會社、大同支社、糧食支社等發生易貨貿易關係，1967年以後中斷。80年代初，經朝鮮方面提議，遼寧省請示國務院批准，與朝鮮平安北道於1982年2月簽訂《關於中華人民共和國遼寧省與朝鮮民主主義人民共和國平安北道邊境地方易貨貿易的會議紀要》。此後，中朝兩國在丹東口岸的邊境貿易，進入了快速發展的時期。②吉林省邊境地區。吉林省邊境地區共10個縣、市，位於中國東北地區東南部，與俄羅斯、朝鮮有著1,430千米的邊界線。吉林省與朝鮮的邊境貿易開始於1954年，至今已有60多年。1954年經國務院批准吉林省對朝鮮開展邊境小額貿易，到1970年因文革雙方易貨貿易中止。1981年，國務院再次批准恢復吉林省對朝鮮的邊境小額貿易。③黑龍江省邊

境地區。黑龍江省邊境地區包括 18 個縣、市，位於中國東北部，北部隔黑龍江、東部隔烏蘇里江與俄羅斯遠東地區相望，在 3,045 千米的邊界線上，雙方有近 20 對對應城鎮。黑龍江與俄羅斯遠東地區的邊境貿易歷史悠久，中華人民共和國成立後，黑龍江省作為國家對蘇聯經貿合作的重點地區，邊境貿易得到了恢復和發展，20 世紀 50 年代，蘇聯援建中國的 156 項重點工程有 22 項建在黑龍江省。④內蒙古邊境。內蒙古自治區邊境地區 18 個旗、市，地處中國東北和北部，與俄羅斯、蒙古交界，邊境線 4,200 千米。1947 年 5 月，內蒙古自治區成立後，為了適應解放戰爭的需要，發展了對蘇聯和蒙古的邊境貿易。中華人民共和國成立後，內蒙古自治區對蘇聯、蒙古國的邊境貿易進入了新的發展時期。到 20 世紀 60 年代，邊境貿易已達到一定規模。後因國內外種種因素影響，邊境貿易出現了停滯狀態。1982 年中蘇兩國的對外貿易部達成協議，恢復了中斷多年的邊境貿易。1983 年正式恢復中蘇邊境貿易。在 1985 年 10 月，中蒙兩國也恢復了地方邊境貿易。

中國西北邊境地區位於中國西北邊陲，亞歐大陸腹地，邊境線長達 5,465 千米。其區域範圍包括甘肅省 1 個邊境自治縣、新疆維吾爾自治區 33 個邊境縣、自治縣、市。①甘肅省邊境地區。甘肅省邊境地區包括肅北蒙古族自治縣，地處中國西北，河西走廊西北部。1921 年，蒙古脫離中國宣布獨立，這裡才成為中蒙邊界。1962 年正式劃定邊界，邊界線長 65 千米。由於邊界兩側是半荒漠草原和戈壁大漠，人煙稀少，因此民間邊境貿易量很小。由於歷史的原因，中華人民共和國成立前夕，甘肅省邊境地區的邊民交往和邊境貿易斷絕。中華人民共和國成立後，邊民之間有少量往來。20 世紀 60 年代以後，邊境兩側成為軍事禁區，邊境貿易再次中斷。20 世紀 80 年代以來，邊民往來和邊境貿易開始緩慢恢復。②新疆維吾爾邊境地區。新疆維吾爾自治區邊境地區包括 33 個縣市，邊境線長達 5,400 千米。新疆自古以來就是中國與南亞、中亞、中東、地中海、非洲及歐洲進行經濟交往的主要陸上通道。「絲綢之路」的開闢，使新疆地區的喀什、庫車、伊犁等地區變成重要的商業城鎮。中華人民共和國成立後，新疆 12 個口岸全部對蘇聯開放。新疆邊境地區與巴基斯坦、印度、阿富汗的邊境貿易，始於 2000 年前的「絲綢之路」。紅旗拉甫口岸就是當年絲綢之路的驛站。19 世紀 20 年代，許多英國人、印度人到喀什地區來經商。新疆通往印度的列城、吉爾吉特、齊查爾三個口岸也同時開放。隨著中蘇關係的改善和蘇聯解體，新疆與周邊國家的邊境貿易又蓬勃發展起來。

中國西南邊境地區位於中國西南邊陲，亞洲南部，邊境線長達 8,880 千米，其區域範圍包括西藏 21 個邊境縣市，雲南 27 個邊境縣、自治縣、市，廣

西7個邊境縣市。①西藏自治區邊境地區。西藏自治區邊境地區邊境線長達3,800多千米，與毗鄰國家山水相連，邊境貿易歷史源長。公元7世紀之前，隨著佛教的傳人，處於原始社會末期的吐蕃與天竺（今印度）、尼婆羅（今尼泊爾）等國就開始了邊境貿易。中華人民共和國成立後至20世紀80年代初，西藏主要是與印度、尼泊爾進行邊境貿易。②雲南省邊境地區。雲南省邊境地區地處祖國西南邊陲，西與緬甸毗鄰，南與越南、老撾接壤，邊境線長3,207千米，其中中緬邊界線長1,997千米，中老邊界線長500千米，中越邊界線長710千米。雲南省邊境地區有80多條陸上通道通往周邊鄰國，是古代「南方絲綢之路」的出境通道。雲南與緬甸的邊境貿易從未間斷。③廣西壯族自治區邊境地區。廣西壯族自治區邊境地區地處祖國南疆，西南與越南接壤，陸上邊境線長1,020千米，是中國西南地區最便捷的出海大通道。廣西的邊境貿易早在宋朝以前就開始了。中華人民共和國成立後，中越邊貿繼續發展。1953年，中國與越南簽訂貿易合同，建立國家貿易關係。兩國商定，開放廣西憑祥、東興、龍州等邊境城鎮，與越南開展邊貿。1979年，中越邊貿中斷。廣西壯族自治區政府於1982年9月在我方邊境線一側開闢了9個「草皮街」，非正式允許越南邊民前來參加交易。1988年4月，廣西又單方面在我方邊境線一側開闢弄堯、浦寨、平而、油隘4個邊貿互市點。1989年，越南單方面決定開放邊境，成千上萬越南邊民湧入中國廣西邊境地區，在100多個邊境點上進行貿易。廣西壯族自治區人民政府採取措施，強化管理，使邊境貿易走上了正軌。

4.1.2.2 當前中國邊貿的發展

邊境貿易有兩種形式：邊民互市貿易和邊境小額貿易。與小範圍的邊民互市貿易相比，邊境小額貿易是一種更加正規化和規範化的貿易形式，其作為中國邊貿的重要組成部分，是中國邊貿進出口量的主要來源。

近年來，隨著國家政策的鼓勵與地方政府的大力支持，邊境小額貿易穩步快速發展。根據中國海關的統計，2005年邊境小額貿易進出口總量為1,313億美元，2014年增長到4,706億美元，增長了2.5倍多。其中出口量遠遠多於進口量，並且增長速度快，2005年邊境小額貿易的出口量僅為74.1億美元，這一數據到2014年變為372.1億美元，增長了4.1倍。從表4.4中可以看出，邊境小額貿易總額和出口量除了在2009年受到金融危機的衝擊有所下降外，其餘年份都有不同程度的增長。中國邊境小額貿易中的進口額規模較小，在2012年達到最大值，為152.9億美元，占當年小額貿易總額的38.7%；2012和2013年連續兩年下降；2014年的進口量為98.6億美元，與2005年相比僅

增長了72.4%（見表4.4）。

表4.4　2005—2015年中國邊境小額貿易進出口量及增長率

單位：億美元

年份	進出口 總額	增長率（%）	進口 總額	增長率（%）	出口 總額	增長率（%）
2005	131.3	38.6	57.2	13.4	74.1	67.2
2006	161.6	23.0	62.1	8.6	99.4	34.2
2007	213.3	32.0	75.9	22.1	137.4	38.2
2008	308.8	44.9	89.8	18.1	219.0	59.8
2009	208.6	−32.4	72.0	−19.9	136.7	−37.6
2010	260.4	24.3	96.3	33.8	164.1	19.4
2011	346.5	33.0	144.5	49.9	202.0	23.1
2012	395.0	14.0	152.9	15.8	242.2	19.9
2013	449.9	13.9	140.7	−8.0	309.3	27.7
2014	470.6	4.6	98.6	−29.9	372.1	20.3

資料來源：根據中國海關網歷年數據整理所得。

在實踐中，眾多的邊境地區經濟合作區已成為中國邊貿發展的重要載體。自1992年以來，經國務院批准的邊境經濟合作區有16個，詳見表4.5。邊境經濟合作區通過完善口岸基礎設施和通關能力建設，豐富對外經貿和人員往來的形式與內容，提升與周邊國家的開放合作水準，使開發區的對外貿易和外資利用規模日益擴大。2010年，邊境合作區進出口總額達95億美元，實際利用外資4.1億美元；同年邊境經濟合作區實現地區生產總值390億元，工業增加值145億美元，工業總產值455億美元，出口50億美元，稅收收入41億美元。以琿春邊境經濟合作區為例，其是1992年9月經國務院批准設立的國家級邊境經濟合作區，規劃面積21.77平方千米。2014年全區實現地區生產總值84億元，同比增長13.5%；全口徑財政收入3.8億元，同比增長31.8%；工業總產值195億元，同比增長14.7%；固定資產投資61.2億元，同比增長15%；進出口總額11.5億美元，同比增長16.2%。2015年上半年，全區完成地區生產總值42.31億元，同比增長8.2%；工業總產值100.96億元，同比增長11.4%；全口徑財政收入1.99億元，同比增長44.4%；固定資產投資19.55億元，同比增長19.9%；進出口總額4.5億美元，與去年基本持平。

表 4.5　　　　　　　　　　國家邊境經濟合作區

省（區）及數量	國家邊境經濟合作區
內蒙古 2 個	滿洲里邊境經濟合作區、二連浩特邊境經濟合作區
遼寧 1 個	丹東邊境經濟合作區
吉林 1 個	琿春邊境經濟合作區
黑龍江 2 個	黑河邊境經濟合作區、綏芬河邊境經濟合作區
廣西 2 個	憑祥邊境經濟合作區、東興邊境經濟合作區
雲南 4 個	畹町邊境經濟合作區、河口邊境經濟合作區
	瑞麗邊境經濟合作區、臨滄邊境經濟合作區
新疆 4 個	伊寧邊境經濟合作區、博樂邊境經濟合作區
	塔城邊境經濟合作區、吉木乃邊境經濟合作區

資料來源：中華人民共和國商務部。

4.1.2.3　邊貿中的人民幣計價結算狀況

關於中國邊境貿易的發展，國家出抬了一系列支持性政策，中間也不乏在邊貿中推行人民幣計價結算的相關政策文件。2003 年，國家外匯管理局發布的《邊境貿易外匯管理辦法》強調「邊貿企業或個人與境外貿易機構進行邊境貿易時，可以用可自由兌換貨幣、毗鄰國家貨幣或者人民幣計價結算」，這明確解決了邊貿使用人民幣結算的問題。2010 年 4 月，財政部與國家稅務局又聯合下發《關於邊境地區一般貿易和邊境小額貿易出口貨物以人民幣結算准予退（免）稅試點的通知》，規定自 2010 年 3 月 1 日起，決定將邊境小額貿易出口貨物以人民幣結算退（免）稅政策擴大到邊境省份與接壤鄰國的一般貿易。

多年來，在國家相關政策的大力推動下，邊貿中的人民幣結算穩步推進，主要省（區）邊貿中的人民幣結算比例相當高，特別是廣西與越南之間的中越貿易、雲南與緬甸之間的中緬貿易等。但在一些省（區）邊貿中的人民幣結算比例還很低，如黑龍江與俄羅斯之間的中俄貿易、新疆與中亞五國之間的貿易。自 2009 年 7 月 1 日，國家正式推出跨境貿易人民幣結算以來，邊貿規模總量穩定增長，同時邊貿中的人民幣結算範圍與規模也得到進一步的擴大。近年來邊貿中的人民幣計價結算情況見表 4.6。

表 4.6　　　　　　　中國邊貿中的人民幣計價結算情況

省（區）	結算情況	資料來源
新疆	新疆的邊境貿易對象主要為中亞各國，美元成為最常用的結算幣種。據對 141 家企業和 219 名個人的調查問卷統計，境內企業在與周邊國家進行邊境貿易結算時，86.5%的企業會首選美元結算，僅有 8.5%的中國企業首選人民幣結算	中國人民銀行新疆調組. 新疆地區邊境貿易人民幣結算問題的調查與思考［N］. 金融時報，2009-08-10.
廣西	廣西的邊境貿易對象主要是越南。2010 年 6 月，轄區開展了跨境人民幣結算業務試點，銀行邊貿結算業務演變為跨境人民幣結算業務，跨境人民幣結算占比 98%。2012 年，東興邊境貿易成交額達 141.54 億元人民幣，邊境小額貿易企業 300 餘家，從事互市貿易的邊民有 1 萬多人	徐友仁. 廣西東興：跨境人民幣結算助推邊貿繁榮［N］. 金融時報，2013-10-10.
吉林	吉林的主要邊貿對象是朝鮮和俄羅斯。目前，中朝邊貿結算幣種以人民幣為主。總體看，73.3%的企業使用過人民幣進行貿易結算，66.7%的企業把人民幣作為主要結算貨幣。對於中俄貿易，由於俄羅斯盧布是可兌換貨幣，在中俄貿易中主要以盧布作為結算貨幣	李香花. 中朝貿易及跨境人民幣結算問題研究［J］. 吉林金融研究，2012（12）：35-39.
遼寧	2008 年 3 月，丹東建行分別向人民銀行和海關提出了《辦理中朝兩國銀行間邊貿結算人民幣現鈔進出境》的業務申請，同年 10 月獲得了批准，這無疑為跨境人民幣結算提供了可靠保障。丹東地區建行辦理的對朝人民幣結算量分別為 2008 年 135 萬元、2009 年 2087 萬元、2010 年 9 月末 9522 萬元。由此可見，人民幣在邊貿結算中已占據了越來越重要的地位	丹東市政府網站. 丹東地區對朝人民幣結算現狀及發展［EB/OL］（2011-10-25）. http://www.dandong.gov.cn/a/bumendongtai/2011/1025/767.html.
內蒙古	2002 年 2 月，對蒙古的人民幣結算正式開通。2009 年，人民幣結算量為 99.4 億元，占總結算量的 78.53%，2010 年，人民幣為 172.96 億元，比上期增長 83.22 個百分點	李英俊，賈樹花. 中蒙跨境貿易結算中人民幣流動狀況的調查與思考——以錫盟二連浩特口岸為例［J］. 銀行家，2011（11）128-129.

表4.6(續)

省(區)	結算情況	資料來源
黑龍江	2003—2008年的人民幣結算業務量增長了54倍，人民幣結算量占對俄貿易比重也從2003年的0.5%逐年上升到2008年的7.1%。2012年，黑龍江省對俄人民幣結算量首次超過盧布，達到30.8億元，同比增長168%，占中俄本幣結算總量的57%，較上年同期增長32.2個百分點。2013年，黑龍江省對俄人民幣結算量仍然超過盧布，達32.9億元，同比增長12.5%，占中俄本幣結算總量的56.5%	孫少岩，馬玥竹.淺析中俄跨境人民幣結算[J].吉林金融研究，2014 (12)：48-55.
雲南	2014年，中央正式批准雲南邊貿企業可以使用人民幣結算。2005年，雲南省的人民幣邊境貿易結算總額實現27億元，以人民幣進行結算的貿易額占其邊境總額的比重高達85%，2006年和2007年，雲南省的人民幣結算貿易額占其邊境貿易總額的比重達到了90%以上，2011年、2012年、2013年和2014年人民幣結算量分別突破200億元、400億元、500億元和700億元，年均增速超過60%	《時代金融》編輯部.雲南跨境人民幣結算步入快車道[J].時代金融，2016 (01)：16-24.

4.2 人民幣在周邊區域內的金融交易

4.2.1 人民幣對外直接投資的起步與發展

人民幣對外投資是人民幣實施「走出去」戰略的重要內容。跨境貿易的本幣結算時人民幣通過貿易渠道「走出去」，擴大人民幣的境外使用，而人民幣對外投資則是借助資本項目渠道推動人民幣的跨境流動與使用。

4.2.1.1 人民幣對外直接投資的背景

人民幣對外直接投資從政策層面上升到實際操作方面，其基本背景是人民幣國際化進程的加速推進。但從真正推動人民幣直接投資的起因看，乃是人民幣的持續升值以及中國國際收支「雙順差」而產生的國際貿易摩擦的增多。

自2005年匯率改革以來，人民幣升值幅度明顯。人民幣匯率升值在一定程度上促進了國際投資者對人民幣的需求。在貿易摩擦方面，隨著中國出口規模的擴大，近年來中國與貿易夥伴之間的摩擦不斷。據商務部統計，2008年

中國出口產品共遭受到來自 21 個國家和地區的 93 起貿易調查，涉案總金額約為 61.4 億美元。2012 年，中國遭受來自 21 個國家發起的貿易救濟調查 77 起，涉案金額達 277 億美元，同比增長 11.6% 和 369.5%。調查案件的增多以及涉及金額的巨大，成為近幾年來中外貿易摩擦的重要特點。

　　面對人民幣升值趨勢以及中國出口遭遇到的越來越多的貿易，通過放鬆人民幣境外直接投資，正是人民幣實施「走出去」戰略的重要步驟。一方面，人民幣升值為人民幣直接投資提供了條件，人民幣匯率的堅挺與其他貨幣價值不穩定，為人民幣的對外直接投資提供了機遇。另一方面，越來越多的中外貿易摩擦反應出國外越來越多的貿易保護政策，中國企業通過人民幣進行的對外投資，促進了本國企業走出國門，開拓國際市場。

4.2.1.2　人民幣對外直接投資的起步與發展

　　2010 年 10 月，中國人民銀行公布《新疆跨境直接投資人民幣結算試點暫行辦法》，標誌著以人民幣計值的對外直接投資的正式開放。2010 年 11 月 18 日，東亞銀行有限公司宣布，已成功在新疆完成首宗跨境人民幣直接投資。隨著跨境貿易人民幣結算的順利推進，跨境投資人民幣結算也全面開展。2011 年，中國人民銀行發布了兩項相關管理辦法，規定允許境內機構用人民幣直接對外投資，也允許境外投資者到境內開展人民幣直接投資。這兩個管理辦法的頒布標誌著跨境人民幣業務範圍從貿易等經常項目擴展至資本項目。2013 年 9 月 23 日，中國人民銀行發布《中國人民銀行關於境外投資者投資境內金融機構人民幣結算有關事項的通知》，明確境外投資者在取得金融監管部門批准後，可使用人民幣投資境內金融機構，相關人民幣資金結算手續可直接到銀行辦理。

　　跨境直接投資人民幣結算業務開展以來，取得了優異的成績。2014 年，跨境直接投資人民幣結算金額 1.05 萬億元，比 2013 年的 5,337.4 億元增長了 88%。其中，人民幣對外直接投資結算金額 1,865.6 億元，同比增長 118%；外商直接投資結算金額 8,620.2 億元，同比增長 92%。與 2011 年相比，直接投資人民幣結算總額增加了 9,377.1 億元，在 3 年內增長了 8.5 倍（見表 4.7）。從跨境直接投資人民幣結算的組成情況來看，外商直接投資結算金額遠遠大於人民幣對外直接投資結算額。其中 2014 年的外商直接投資結算金額占跨境直接投資人民幣結算總額的 82.2%。

表 4.7　　　　　　　　　　直接投資人民幣結算情況　　　　　（單位：億元）

	跨境直接投資人民幣結算		人民幣對外直接投資結算		外商直接投資結算金額	
	總額	增長率	總額	增長率	總額	增長率
2011 年	1,108.7	—	201.5	—	907.2	—
2012 年	2,840.2	156%	304.4	51%	2,535.8	180%
2013 年	5,337.4	88%	856.1	181%	4,481.3	77%
2014 年	10,485.8	96%	1,865.6	118%	8,620.2	92%

資料來源：中國人民銀行。

隨著人民幣對外直接投資金額的逐年增加，其占中國對外直接投資總額的比例也在逐年提高，並且人民幣對外直接投資金額的增加速度快於中國對外直接投資總額的增長速度。2011 年，以人民幣結算的直接投資額為 201.5 億元，占中國對外直接投資總額 4,821.76 億元的 4.18%。這一比例在 2014 年變成了 24.7%，增長了近 5 倍（見圖 4.1）。

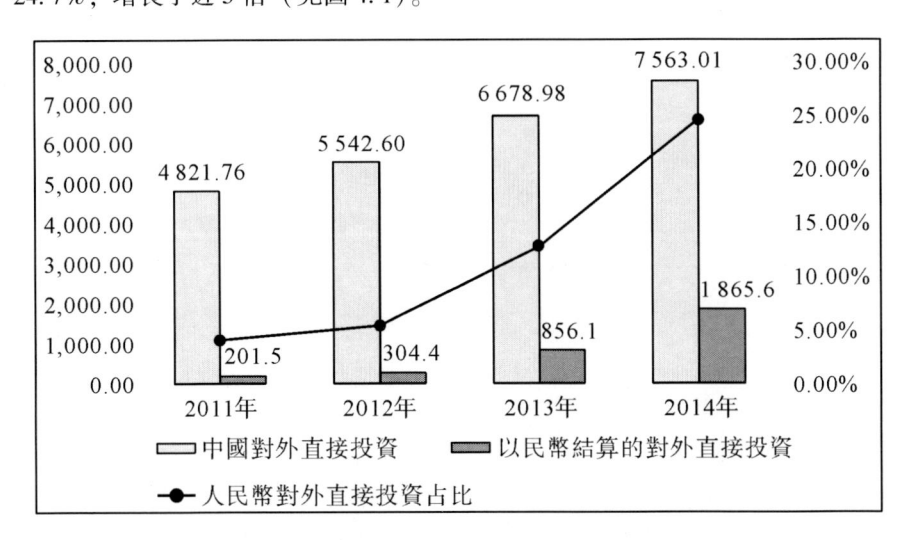

圖 4.1　以人民幣結算的對外直接投資占中國對外直接投資的比重（單位：億元）
資料來源：中國統計局、中國人民銀行。

圖 4.2 顯示了中國對周邊區域的直接投資額。從中可以看出，中國對外直接投資的 70% 左右都分佈在周邊區域內，這意味著以人民幣結算的對外直接投資很大一部分流向了中國周邊區域內。

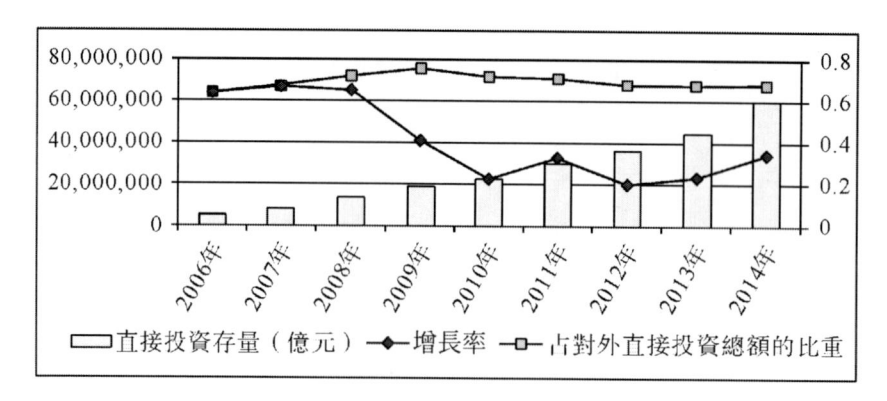

图 4.2　中國在周邊國家和地區的直接投資額

數據來源：根據《2014年度中國對外直接投資統計公報》計算所得。

借助對外直接投資方式，人民幣將在國際收支的經常項目之外，開闢資本和金融項目下的流出入渠道。在中國資本和金融項目逐步開放的過程中，人民幣直接投資也將會促進資本和金融項目下資金流動限制的進一步放鬆，這對人民幣國際化具有直接的推動作用。另外，人民幣對外直接投資也會逐步增大境外人民幣存量，促進跨境貿易的本幣結算，而境外企業通過人民幣對內的直接投資，既可以降低通過美元等國際貨幣形成的外匯流入對中國外匯儲備增長的壓力，又可以在貿易結算外增加境外企業與投資者對人民幣的資金運用，進一步增強境外人民對人民幣的接受程度與使用頻率。

4.2.2　周邊人民幣債券發行

推進海外人民幣債券發行是人民幣融進國際金融市場的一個重要手段，國家也大力支持，但是由於中國對海外人民幣債券的發行以及合格境外投資者的監管比較嚴格，得到審批很不容易。2010年8月17日，中國人民銀行發布通知，允許境外中央銀行、港澳人民幣業務清算行和跨境貿易人民幣結算境外參加銀行使用獲得的人民幣資金投資銀行間債券市場。

離岸市場是人民幣債券發行的主要場所。2007年6月，人民銀行和國家發展和改革委員會發布《境內金融機構赴香港特別行政區發行人民幣債券管理辦法》，允許商業銀行經人民銀行和國家發展和改革委員會核准後在港發行人民幣債券。香港人民幣債券市場建立初期，在2007—2009年的年均發債量只有120億元。2010年後，隨著香港人民幣資金池子的不斷擴大，截止到

2014年，香港累計發行人民幣債券6,141億元①。圖4.3顯示了香港離岸人民幣債券的規模。香港離岸人民幣債券市場經過一段時間的高速增長出現放緩跡象。2015年，人民幣債券發行規模達3,506億元，比前年下降了19.3%，是2007年以來的首次下滑。這是因為對中國內地企業而言，中國內地的一連串貨幣寬鬆政策使在岸市場債券發行更具有吸引力，同時，為了發展國內債券市場，中國內地政府也放寬了對公司債券發行的管制，這使得更多內地企業選擇在岸市場發行債券。儘管如此，海外發行人在離岸市場發行人民幣債券依然很活躍，其發行額在2015年增加了25.1%，至1,024億元。雖然人民幣債券發行總額在2015年有所下降，但是由於到期債務少於新發行債務，香港市場的人民幣債券餘額在2015年仍然是增長的，達6,597億元。

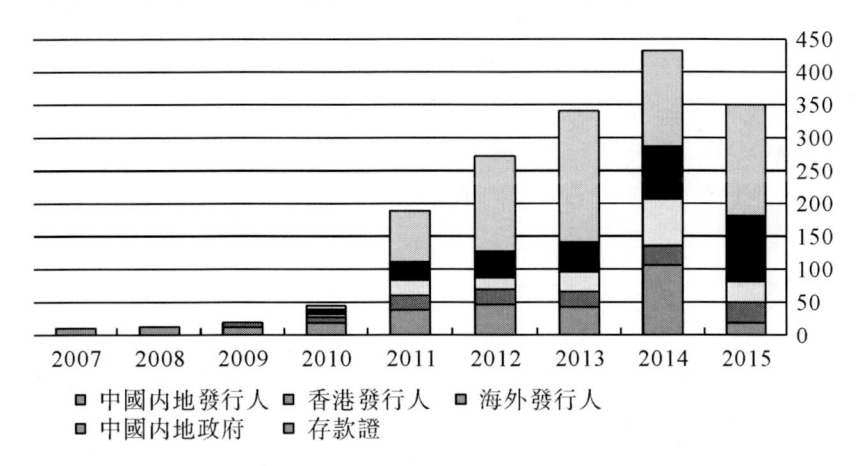

圖4.3 香港人民幣債券發行規模及發行機構（單位：十億元人民幣）
資料來源：香港金管局《貨幣與金融穩定情況半年度報告（2016年3月）》。

臺灣地區自2013年2月開放人民幣債券（寶島債）市場，此後該債券市場發展迅速，幾年來吸引不同地區及背景的發行人參與，發行量亦呈逐年上升的趨勢。2013年，寶島債券共發行13筆，發行總額106億元人民幣，中資發行人發行總量達67億元，占總發行量的63%。2014年，寶島債券共發行31筆，總發行金額為208億元人民幣，中資發行人發行總量達163億元，占總發行量的78%。截至2015年9月底，寶島債累計發行金額299億元人民幣，中資發行人發行總量只有30億元，占總發行量的10%。由於2013—2014年多家中資銀行充分利用了寶島債市場融資，2015年增發的需求不大，該年中資發債占比下降。

---

① 數據來源於中國人民銀行。

4.2.3 人民幣合格境外機構投資者

人民幣合格境外機構投資者（RQFII），是指經主管部門審批的境內基金管理公司、證券公司的香港子公司，可以運用在香港募集的人民幣資金開展境內證券市場投資業務。2011年8月，國務院總理李克強首次提出「允許以人民幣境外合格機構投資者方式投資境內證券市場」，2011年12月16日，《基金管理公司、證券公司人民幣合格境外機構投資者境內證券投資試點辦法》的發布標志著人民幣合格境外機構投資者（RQFII）試點業務正式啓動。在2013年3月6日，中國證監會發布相關文件，將試點機構類型擴大至境內商業銀行、保險公司等香港子公司或註冊地及主要經營地在香港地區的金融機構。而且還放寬了投資範圍限制，允許試點機構可以根據市場情況自主決定產品的類型。

隨著RQFII制度的實施，RQFII獲批投資額迅速增加，獲得RQFII的合格境外機構數也隨之大幅度增加。從圖4.4可以看出，2014年，95家合格境外機構獲得2,997億元的投資額度，比2012年增加了2,327億元的額度，合格境外機構數增加了69個。

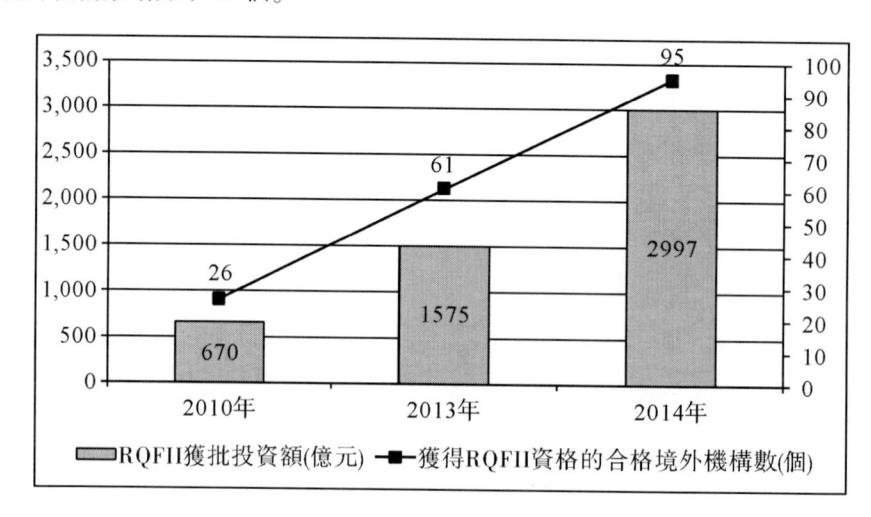

圖4.4 RQFII獲批投資額及機構情況

資料來源：中國人民銀行年報。

4.2.4 人民幣與外幣直接交易

近年來，中國人民銀行積極推動人民幣與周邊國家的貨幣直接交易（見

表4.8）。除了人民幣對外幣的直接交易，中國外匯交易中心還推出了人民幣兌哈薩克斯坦堅戈的銀行間市場區域交易。人民幣對外幣直接交易日益活躍，成交快速增長，2014年，人民幣對外幣直接交易共成交10,482億元，在銀行間外匯市場即期交易中占比為4.7%，其中，中國周邊國家貨幣直接交易量達7,692億元（見表4.9）。開展直接交易以來至2014年年末，人民幣直接交易日均成交102.22億元，與各幣種推出直接交易前一年的日均成交12.12億元人民幣相比，提升了8.4倍。

人民幣直接交易可以降低匯兌成本，提高價格的透明度，促進中國外匯市場的發展，服務於實體經濟，並有助於增強匯率彈性，推動人民幣匯率市場化形成機制改革。

表4.8　　　　　　中國與周邊國家開展貨幣直接交易情況

時間	貨幣直接交易國家
2010年8月19日	銀行間外匯市場開辦人民幣對林吉特交易
2010年11月22日	銀行間外匯市場開辦人民幣對俄羅斯盧布交易
2012年6月1日	銀行間外匯市場開展人民幣對日元直接交易
2014年10月28日	銀行間外匯市場開展人民幣對新加坡元直接交易
2014年12月1日	韓國外匯市場啓動人民幣對韓元直接交易

資料來源：中國外匯市場。

表4.9　　2014年銀行間外匯即期市場人民幣對各種幣種的交易量

（單位：億元人民幣）

幣種	日元	港元	新加坡元	林吉特	俄羅斯盧布	泰銖	堅戈
交易量	4,551	2,031	838	12	255	2	3

資料來源：《2015年人民幣國際化報告》。

4.3　人民幣貨幣錨地位檢驗

成為其他貨幣匯率的貨幣錨，是國際貨幣的一項重要職能。在人民幣成為周邊國家和地區內的貿易結算貨幣和投資貨幣的過程中，如果也能承擔起某種貨幣錨的功能，這對於人民幣的周邊化來說，是一個重要進展。

4.3.1 人民幣與周邊經濟體貨幣的聯動關係

李曉、丁一兵（2009）提出，要分析人民幣成為區域內錨貨幣的可能性，應該首先分析人民幣匯率波動與區域內經濟體貨幣匯率波動之間的聯動關係。對於人民幣與周邊經濟體貨幣之間的聯動關係，由於我們關注的更多是匯率的變動趨勢，而不是匯率變動的大小，因此，本節採用各匯率對瑞士法郎日匯率的相關係數來考察這一關係。同時考慮到外部經濟金融環境的變化等因素，分階段考察人民幣與周邊經濟體貨幣的聯動關係（見表4.10）。

表4.10　人民幣與周邊國家其他貨幣對瑞士法郎匯率的相關係數

	2005.7.21—2008.9.15	2008.9.16—2015.12.31
日元	0.459,0	0.099,8
盧布	0.718,2	0.049,4
圖格里克	0.760,9	0.210,2
堅戈	0.743,1	0.483,5
阿富汗尼	-0.014,0	0.228,7
巴基斯坦盧比	0.472,7	0.103,2
印度盧比	0.707,7	0.392,8
尼泊爾盧比	0.609,0	0.542,1
不丹盧比	0.665,3	0.311,4
緬元	0.698,2	0.305,8
泰銖	0.657,6	0.307,0
柬埔寨瑞爾	0.791,9	-0.002,7
老撾吉普	0.922,7	0.918,6
越南盾	0.750,3	0.743,3
林吉特	0.774,1	0.417,8
文萊元	0.752,6	0.714,1
印尼盾	0.754,7	0.110,8
新加坡元	0.757,1	0.713,7
菲律賓比索	0.231,3	0.804,3
韓元	0.654,2	0.574,8
朝鮮元	0.591,1	0.895,3

註：由於篇幅限制，本書並沒有顯示出周邊國家貨幣匯率之間的相關係數。

從表 4.10 中可以看出，2008 年全球金融危機之後，周邊國家貨幣對瑞士法郎匯率的相關係數普遍小於危機前的相關係數。這是因為危機後，中國調整了其匯率制度，事實上人民幣又重新釘住美元，維持了人民幣幣值的相對穩定。而中國周邊其他國家由於受到經濟衝擊，貨幣不同程度地都出現了貶值，因此人民幣與周邊經濟體貨幣匯率的正相關度均下降了很多。此時，人民幣的幣值穩定對周邊貨幣秩序穩定起了積極的作用，意味著人民幣有可能充當區域內可能的錨貨幣。在 2005 年 7 月至 2008 年金融危機爆發前的這一階段，由於人民幣經過匯率改革，實行參考一攬子貨幣的有管理的可浮動的匯率政策，很多周邊國家的貨幣追隨人民幣升值，因此，相關係數較大。

4.3.2 人民幣在周邊國家的貨幣錨地位檢驗

4.3.2.1 模型構建

Frankel 和 Wei（1994）在研究東亞經濟體匯率安排的參考標準是否由美元變為日元時，提出了一個能夠測算一國貨幣與錨貨幣聯繫程度的外部貨幣錨模型。假設一國貨幣匯率是由一籃子貨幣決定的，通過選擇一種不在貨幣籃中存在的外部貨幣，即標準貨幣作為匯率波動的衡量標準，則某一貨幣對本國貨幣的影響可以用該貨幣對外部貨幣的波動解釋本幣對外部貨幣波動的那部分來表示。

$$\Delta \log Y_t = \alpha_0 + \sum \alpha_i \Delta \log X_t + \mu_t \tag{4.1}$$

其中，$\Delta \log Y_t$ 表示本幣對標準貨幣的匯率在 t 時期自然對數的一階差分，$\Delta \log X_t$ 表示本幣隱含貨幣籃子中的貨幣 X 對標準貨幣的匯率在 t 時期自然對數的一階差分，β_i 代表該貨幣對本幣匯率變動的影響大小，即該貨幣在本幣隱含貨幣籃子中的權重。

4.3.2.2 變量選擇及研究方法

鑒於美國、歐元區、日本、韓國與亞洲經濟體的貿易往來比較密切，並且美元、歐元、日元和韓元既是自由浮動貨幣，也是亞洲經濟體對外貿易中常用的計價貨幣，同時，本節又是考察人民幣的貨幣錨地位變化，因此，本書以美元（USD）、歐元（EUR）、人民幣（CNY）、日元（JPY）和韓元（KRW）作為中國周邊區域內經濟體貨幣匯率變化可能參考的一籃子貨幣。

關於標準貨幣的選擇，現有研究多是選擇瑞士法郎和特別提款權作為標準貨幣。但是，自 2011 年 9 月，瑞士法郎開始與歐元掛鉤，而本書選取的貨幣籃子中包含歐元，因此在本書中，瑞士法郎不再適合作為標準貨幣。而且，特別提款權是以美元、歐元、日元、英鎊以及被正式納入的人民幣等一籃子貨幣

構成一種計價單位，它也不適合作為本書的標準貨幣。本書參考 Masahiro Kawai 和 Victor Pontines（2014）[①] 的做法，選擇新西蘭元作為標準貨幣，因為新西蘭是一個小而開放的國家，匯率是自由浮動的。

由於人民幣匯率參考的貨幣籃子中可能包含美元、歐元、日元和韓元，因此，在考察人民幣匯率變動對中國周邊經濟體貨幣匯率變動的影響時，如果直接把人民幣匯率變動率作為解釋變量，將無法判別人民幣匯率變動對目標國貨幣匯率變動的影響是來自人民幣本身還是來自人民幣釘住的錨貨幣。為了解決這個問題，本書採用輔助迴歸取殘差值的方法，提取人民幣匯率的獨立變動率。本書的迴歸分為兩個步驟：

第一步：將人民幣對美元、歐元、日元和韓元進行迴歸，得到殘差序列。

$$\Delta LCNY_t = \beta_0 + \beta_1 \Delta LUSD_t + \beta_2 \Delta LEUR_t + \beta_3 \Delta LJPY_t + \beta_4 LKRW_t + \varphi_t \quad (4.2)$$

第二步，將目標國貨幣對美元、歐元、日元和韓元進行迴歸，判斷這些貨幣的變動率對目標國貨幣匯率的影響。即：

$$\Delta LY_t = \alpha_0 + \alpha_1 \Delta LUSD_t + \alpha_2 \Delta LEUR_t + \alpha_3 \cdot \varphi_t + \alpha_4 \Delta LJPY_t + \alpha_5 \Delta LKRW_t + \mu_t$$
$$(4.3)$$

其中，Y 分別代表俄羅斯盧布（RUB）、蒙古圖格里克（MNT）、哈薩克斯坦堅戈（KZT）、阿富汗尼（AFN）、巴基斯坦盧比（PKR）、印度盧比（INR）、尼泊爾盧比（NPR）、不丹盧比（BTN）、緬甸元（MMK）、泰銖（THB）、柬埔寨瑞爾（KHR）、老撾吉普（LAK）、越南盾（VND）、林吉特（MYR）、文萊元（BND）、印度尼西亞盾（IDR）、新加坡元（SGD）、菲律賓比索（PHD）、朝鮮元（KPW）等貨幣（由於吉爾吉斯斯坦和塔吉克斯坦兩國的數據缺失嚴重，故沒有包含在本書中）對新西蘭元的日匯率[②]。

4.3.2.3 研究時間階段的劃分

2005 年 7 月 21 日，中國人民銀行宣布把中國單一釘住美元匯率制調整為以外匯市場供求為基礎，參考一籃子貨幣調節的、有管理的浮動匯率制。這次匯率改革，在人民幣匯率改革的歷史進程中具有里程碑意義，人民幣對美元的匯率由不動變動。因此，本書選取的時間區間從 2005 年 7 月 21 日開始。2008 年 9 月，全球金融危機爆發，人民幣匯率又採取了釘住美元的機制。2010 年 6 月 19 日，中國人民銀行提出進一步推進人民幣匯率形成機制改革，增強人民幣匯率彈性。從圖 4.5 中可以看出，「7.21 匯改」之後到國際金融危機之前，

[①] M KAWAI, V PONTINESV. The Rinminbi and Exchange Rate Regimes in East Asian [R]. ADBI Working Paper, 2014.

[②] 本書的數據來源於 www.oanda.com。

人民幣兌美元呈現出升值的趨勢；2008年國際金融危機爆發之後到2010年6月，人民幣兌美元匯率幾乎維持不變；2010年6月19日之後，人民幣兌美元匯率再次波動。本書探究美元、歐元、人民幣、日元和韓元對中國周邊經濟體貨幣匯率變動的影響，為了避免多重共線性，要把人民幣單一釘住美元的時間段從本書的研究時間區間裡剔除掉，因此，本書研究的兩個時間段分別為：2005年7月21日至2008年9月15日；2010年6月19日至2015年12月31日。

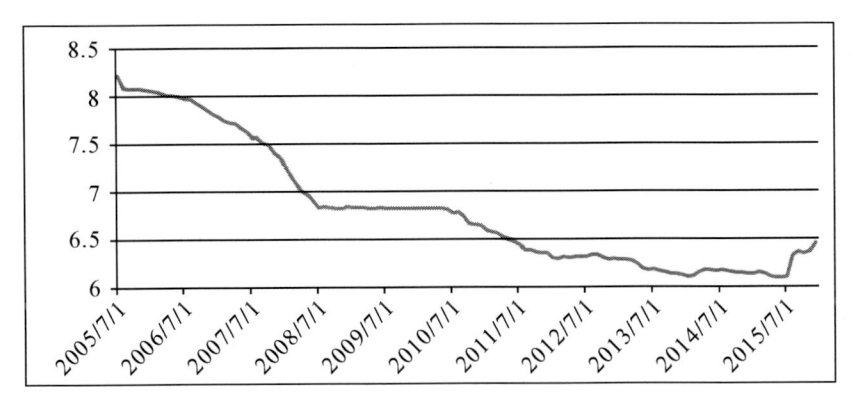

圖4.5　人民幣對美元匯率

資料來源：OANDA歷史匯率。

4.3.2.4　實證結果及分析

首先，分別對兩個時間段的數據進行ADF檢驗，以判斷這些時間序列數據的平穩性。本書利用Stata 11.0統計分析軟件來實現這一過程。由表4.11和表4.12可知，在1%的顯著水準下，所有變量取對數後的一階差分序列都是平穩的。

其次，分別把兩個時間段內的數據根據式4.2和式4.3進行迴歸，得到表4.13和表4.14的迴歸結果。

實證結果表明，2005年人民幣匯率改革之後，俄羅斯盧布、蒙古圖格里克、阿富汗尼、尼泊爾盧比、不丹盧比、緬甸元、泰銖、越南盾、林吉特和新加坡元等10種貨幣釘住了人民幣，美元是中國周邊所有國家的錨貨幣。分別有14個和12個國家的貨幣釘住了韓元和歐元，日本在這些區域的影響力不大，僅僅是阿富汗、新加坡和菲律賓三國貨幣匯率釘住的錨貨幣。由此可見，美元、韓元和歐元分別是第一階段中國周邊區域內最重要的三種貨幣。

表 4.11 第一階段的 ADF 檢驗結果

	USD	EUR	CNY	JPY	KRW	RUB	MNT	KZT	AFN	PKR	INR	NPR
對數序列	-1.16	-0.85	-0.39	-1.28	-1.11	-1.38	-1.04	-1.14	-1.61	-0.76	-2.41	-2.10
差分對數序列	-27.48***	-27.07***	-27.64***	-27.02***	-30.36***	-27.61***	-27.48***	-28.19***	-30.32***	-34.09***	-27.51***	-30.39***
	BTN	MMK	THB	KHR	LAK	VND	MYR	BND	IDR	SGD	PHP	KPW
對數序列	-1.87	-1.31	-2.01	-0.10	-0.64	-1.26	-2.24	-1.52	-1.37	-0.71	-1.86	-1.57
差分對數序列	-29.19***	-28.51***	-30.76***	-56.57***	-28.95***	-27.82***	-36.78***	-36.93***	-31.51***	-26.82***	-28.11***	-30.62***

註：本表用 *、** 和 *** 分別表示在 1%、5% 和 10% 的顯著性水準下通過檢驗。

表 4.12 第二階段的 ADF 檢驗結果

	USD	EUR	CNY	JPY	KRW	RUB	MNT	KZT	AFN	PKR	INR	NPR
對數序列	-1.34	-1.93	-1.25	-1.00	-1.67	-1.31	-1.17	-0.06	-1.88	-2.06	-2.15	-1.97
差分對數序列	-35.53***	-33.73***	-36.10***	-36.11***	-37.66***	-34.89***	-39.63***	-34.42***	-37.74***	-39.45***	-35.18***	-43.18***
	BTN	MMK	THB	KHR	LAK	VND	MYR	BND	IDR	SGD	PHP	KPW
對數序列	-2.03	-1.42	-2.05	-1.80	-1.59	-2.41	-1.43	-2.02	-1.35	-2.13	-1.84	-1.34
差分對數序列	-41.15***	-44.91***	-34.70***	-44.30***	-39.54***	-41.44***	-36.34***	-45.30***	-38.71***	-35.78***	-36.44***	-35.33***

註：本表用 *、** 和 *** 分別表示在 1%、5% 和 10% 的顯著性水準下通過檢驗。

在第二階段內，釘住人民幣的國家增加了4個變成了14個，分別是俄羅斯盧布、蒙古圖格里克、阿富汗尼、印度盧比、尼泊爾盧比、不丹盧比、泰銖、柬埔寨瑞爾、林吉特、文萊元、印尼盾、新加坡元、菲律賓比索和朝鮮元。美元仍然是中國周邊所有國家的錨貨幣。歐元的影響力也變大，有16個國家釘住歐元。有關日元迴歸方程中，很多系數雖是統計顯著的，但是符號為負，這說明日元匯率變動的增加或降低會導致目標國貨幣匯率變動的降低或增加，這就導致兩個國家的匯率偏離程度更大，這與釘住匯率制的含義相悖，因此，本書認為迴歸系數為負的貨幣不是錨貨幣，因此，第二階段只有11個國家的貨幣釘住了日元，並且日元在貨幣籃子中的權重很小。相比歐元、人民幣和日元影響力的增長，韓元在第二階段對中國周邊區域經濟體貨幣匯率的影響明顯降低，釘住韓元的國家有14個變成11個。

從系數大小來看，第二階段的美元迴歸系數明顯普遍低於第一階段，說明美元仍然是亞洲各國釘住的主要錨貨幣，但是其在貨幣籃子中的權重卻在下降。在釘住人民幣的國家貨幣籃子中，人民幣的影響權重僅小於美元，普遍高於歐元、日元。

總的來說，在中國實施匯率改革之後，人民幣在中國周邊區域內發揮顯著的貨幣錨作用，特別是2010年第二次匯率改革之後，人民幣已經成為中國周邊經濟體貨幣高頻釘住的錨貨幣。兩個階段中，美元都是中國周邊經濟體貨幣釘住的錨貨幣，但是美元的貨幣錨地位卻有所下降。實證結果還發現歐元和韓元也開始成為中國周邊經濟體貨幣釘住的錨貨幣，說明韓元在亞洲的地位上升。這些結果表明，亞洲經濟體正在經歷「去美元化」，轉為釘住亞洲內部貨幣，而人民幣在其中發揮越來越重要的作用。

人民幣成為周邊大多數國家釘住的錨貨幣，這意味著人民幣在周邊地區已初步具備了官方意義上的國際貨幣功能。但人民幣並未成為周邊所有國家的錨貨幣，更沒有取代美元和歐元的。在長期內，中國周邊國家和地區是否會拋棄美元選擇人民幣作為錨貨幣，這主要取決於人民幣的發展。在中國綜合國力不斷提升的前提下，隨著人民幣匯率機制不斷改革和金融市場的完善，人民幣成為周邊國家乃至更廣區域內的錨貨幣，是中國經濟發展和人民幣國際化的最終結果。

表 4.13　第一階段中國周邊區域經濟體的錨貨幣檢驗

變量	美元	歐元	人民幣	日元	韓元	調整後的 R^2
俄羅斯盧布	0.539*** (0.025)	0.353*** (0.029)	0.234*** (0.068)	0.014 (0.014)	0.052*** (0.015)	0.912
蒙古圖格里克	0.956*** (0.008)	0.012 (0.011)	0.229** (0.093)	0.003 (0.013)	0.010 (0.010)	0.941
哈薩克斯坦堅戈	0.724*** (0.039)	0.201*** (0.036)	0.067 (0.074)	0.005 (0.025)	0.086*** (0.029)	0.768
阿富汗尼	0.900*** (0.063)	0.001 (0.019)	0.254** (0.103)	0.057** (0.028)	0.005 (0.013)	0.640
巴基斯坦盧比	0.920*** (0.048)	0.054 (0.060)	0.244 (0.155)	-0.005 (0.038)	0.013 (0.051)	0.601
印度盧比	0.750*** (0.032)	0.141*** (0.032)	0.109 (0.184)	-0.037 (0.025)	0.109*** (0.024)	0.793
尼泊爾盧比	0.709*** (0.049)	0.218*** (0.048)	0.303* (0.157)	-0.014 (0.043)	0.098*** (0.043)	0.615
不丹盧比	0.857*** (0.052)	-0.070 (0.059)	0.275** (0.122)	0.095 (0.068)	0.074*** (0.023)	0.637
緬元	0.820*** (0.031)	0.169*** (0.036)	0.147** (0.072)	-0.005 (0.024)	0.043* (0.022)	0.822
泰銖	0.706*** (0.044)	0.083 (0.052)	0.407** (0.204)	0.016 (0.054)	0.062** (0.029)	0.509
柬埔寨瑞爾	1.215*** (0.382)	0.354 (0.292)	-2.833 (2.326)	-0.306 (0.252)	0.062 (0.077)	0.047
老撾吉普	0.718*** (0.039)	0.206*** (0.041)	0.052 (0.119)	0.020 (0.028)	0.071** (0.031)	0.764

表4.13(續)

變量	美元	歐元	人民幣	日元	韓元	調整後的 R^2
越南盾	0.778*** (0.030)	0.149*** (0.031)	0.174** (0.079)	0.012 (0.021)	0.067** (0.027)	0.843
林吉特	0.503*** (0.036)	0.147*** (0.034)	0.323*** (0.088)	0.010 (0.028)	0.287*** (0.032)	0.535
文萊元	0.343*** (0.038)	0.426*** (0.043)	0.089 (0.061)	0.032 (0.025)	0.159*** (0.025)	0.509
印尼盾	0.470*** (0.063)	0.222*** (0.075)	-0.066 (0.130)	0.006 (0.049)	0.303*** (0.043)	0.525
新加坡元	0.509*** (0.019)	0.201*** (0.018)	0.186* (0.113)	0.092*** (0.015)	0.088*** (0.015)	0.930
菲律賓比索	0.701*** (0.038)	0.141*** (0.037)	0.220 (0.169)	-0.106*** (0.030)	0.171*** (0.028)	0.722
朝鮮元	0.994*** (0.038)	-0.019 (0.027)	0.128 (0.123)	0.045 (0.031)	-0.067 (0.080)	0.501

註：本表用 *、**和***分別表示在1%、5%和10%的顯著性水準下通過檢驗，括號裡數值為穩健標準誤。

4 人民幣周邊化的現狀分析

表 4.14　第二階段中國周邊區域經濟體的錨貨幣檢驗

變量	美元	歐元	人民幣	日元	韓元	調整後的 R^2
俄羅斯盧布	0.501*** (0.098)	0.219*** (0.055)	0.244* (0.141)	−0.209*** (0.057)	0.230*** (0.086)	0.170
蒙古圖格里克	0.965*** (0.030)	−0.010 (0.023)	0.110** (0.048)	0.055** (0.024)	−0.000 (0.027)	0.600
哈薩克斯坦堅戈	0.680*** (0.061)	0.262*** (0.093)	0.156 (0.109)	0.058 (0.043)	0.057 (0.093)	0.326
阿富汗尼	0.934*** (0.027)	0.016 (0.020)	0.160*** (0.045)	0.043** (0.019)	0.008 (0.020)	0.703
巴基斯坦盧比	0.731*** (0.031)	0.235*** (0.026)	0.083 (0.054)	0.036* (0.021)	−0.012 (0.027)	0.689
印度盧比	0.513*** (0.034)	0.079*** (0.024)	0.370*** (0.086)	−0.082*** (0.024)	0.280*** (0.029)	0.529
尼泊爾盧比	0.383*** (0.044)	0.372*** (0.038)	0.176* (0.107)	−0.044 (0.029)	0.220*** (0.037)	0.449
不丹盧比	0.621*** (0.035)	0.079*** (0.024)	0.429*** (0.090)	−0.072*** (0.026)	0.217*** (0.033)	0.497
緬元	0.628*** (0.041)	0.288*** (0.032)	0.056 (0.073)	0.070*** (0.024)	0.003 (0.033)	0.592
泰銖	0.623*** (0.018)	0.068*** (0.013)	0.200*** (0.033)	0.042*** (0.013)	0.161*** (0.014)	0.853
柬埔寨瑞爾	0.736*** (0.041)	0.193*** (0.034)	0.242** (0.101)	0.065** (0.028)	−0.011 (0.032)	0.501
老撾吉普	0.724*** (0.027)	0.221*** (0.022)	0.043 (0.049)	0.054*** (0.019)	0.002 (0.022)	0.724

表4.14（續）

變量	美元	歐元	人民幣	日元	韓元	調整後的 R^2
越南盾	0.813*** (0.028)	0.156*** (0.029)	0.092 (0.060)	0.035* (0.018)	-0.010 (0.024)	0.622
林吉特	0.383*** (0.030)	0.044** (0.022)	0.239*** (0.058)	-0.033* (0.019)	0.473*** (0.024)	0.654
文萊元	0.290*** (0.030)	0.339*** (0.029)	0.238*** (0.062)	0.064*** (0.019)	0.238*** (0.025)	0.656
印尼盾	0.644*** (0.033)	0.068*** (0.023)	0.168*** (0.063)	0.027 (0.021)	0.206*** (0.029)	0.581
新加坡元	0.362*** (0.016)	0.158*** (0.012)	0.230*** (0.042)	0.077*** (0.010)	0.251*** (0.014)	0.862
菲律賓比索	0.621*** (0.020)	0.033** (0.015)	0.224*** (0.043)	-0.003 (0.013)	0.272*** (0.018)	0.815
朝鮮元	0.966*** (0.004)	0.007** (0.003)	0.142*** (0.022)	0.016*** (0.003)	0.010*** (0.004)	0.992

註：本表用*、**和***分別表示在1%、5%和10%的顯著性水準下通過檢驗。括號裡數值為穩健標準誤。

4　人民幣周邊化的現狀分析

4.3.3 人民幣成為周邊國家的錨貨幣的潛力

人民幣匯率的上述變動趨勢，表明中國周邊國家正在經歷「去美元化」，轉為釘住人民幣，這對於瞭解人民幣成為區域錨貨幣的可能性及途徑，具有重要的意義。

4.3.3.1 美元仍是目前中國周邊區域內最重要的國際貨幣，但其地位受到人民幣的挑戰

在2005年人民幣匯率改革之前，人民幣採取釘住美元的匯率制度，改革之後，人民幣相對美元開始升值。自2008年7月至2010年6月，人民幣兌美元的匯率保持穩定，隨後人民幣對美元又開始升值，直到2015年5月，這期間人民幣對美元匯率雖然有升有降，但總體保持升值趨勢。自2015年7月起，人民幣對美元匯率開始出現反彈趨勢。從人民幣對美元匯率的變化歷程可以看出，人民幣對美元總體上保持了升值趨勢，這在一定程度上解釋了為什麼中國周邊國家開始選擇釘住人民幣，替代了部分美元在中國周邊區域內的作用。由於國際貨幣競爭力更取決於發行國經濟實力、製造品的生產比較優勢、金融體系發展程度等，美元貶值並沒有威脅到美元的國際競爭力。

首先，美國依然具有強大的經濟實力。中國在GDP增長速度上高於美國，但在總體規模上，與美國還有一定差距（見圖4.6）。在2015年，美國和中國仍是世界上的GDP最大的兩個國家，其中，美國2015年GDP值為161,979.6億美元，保持第一；中國的GDP為103,856.6億美元，處於第二，兩者之間相差了58,123億美元[①]。

其次，美國擁有世界上最發達的金融體系和最大的資本市場。目前，美國的金融市場在廣度、深度和彈性上以及商業銀行的盈利能力、風險管理、金融創新等方面都位列全球之首。在此方面，中國的金融市場發育還不完善，與美國相比，中國相當於處在金融體系發展的初級階段。以外匯市場交易為例，從1998年以來，美元在全球外匯市場上的交易額一直處於第一位的位置。根據表4.15中數據可以看出，1998—2013年，美元在全球外匯市場交易的份額平均維持在87%左右。而人民幣在全球外匯交易市場所占份額卻很小，自2004年以來，人民幣的外匯交易額度開始快速增長，由2004年的0.1%增加到2007年的0.5%，以及2010年的0.9%，到2013年，人民幣在外匯市場上的交易量

---

① 排行榜. 2015年世界GDP排名中國經濟總量在各國中排名第二[EB/OL]．(2016-01-19). http://www.phbang.cn/general/147871.html.

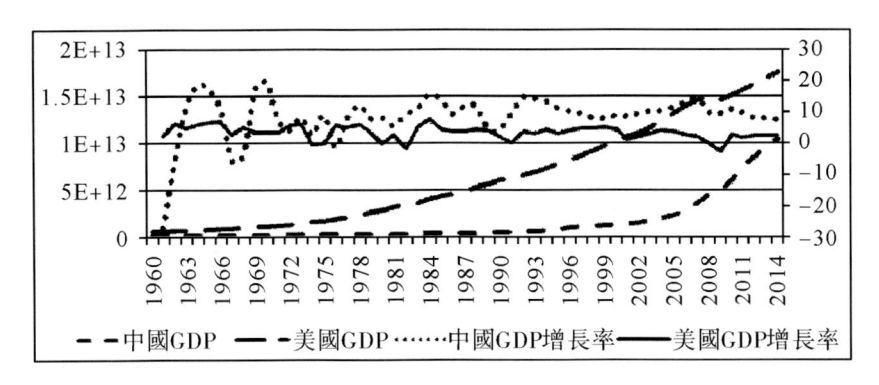

圖 4.6 中國與美國的 GDP 及增長率（GDP 單位：美元）
資料來源：世界銀行。

有較大的突破，占全球交易額的 2.2%，在世界上排名第 9。雖然人民幣在外匯市場上的交易量在逐年增加，但與美元仍相差甚遠。

表 4.15　　　　　　　　　　　　　全球外匯市場成交額①構成

貨幣	1998年 占比(%)	排名	2001年 占比(%)	排名	2004年 占比(%)	排名	2007年 占比(%)	排名	2010年 占比(%)	排名	2013年 占比(%)	排名
美元	86.8	1	89.9	1	88	1	85.6	1	84.9	1	87	1
歐元	—	—	37.9	2	37.4	2	37	2	39.1	2	33.4	2
日元	21.7	2	23.5	3	20.8	3	17.2	3	19	3	23	3
英鎊	11	3	13	4	16.5	4	14.9	4	12.9	4	11.8	4
澳元	3	6	4.3	7	6	6	6.6	6	7.6	5	8.6	5
瑞士法郎	7.1	4	6	5	6	5	6.8	5	6.3	6	5.2	6
加拿大元	3.5	5	4.5	6	4.2	7	4.3	7	5.3	7	4.6	7
墨西哥比索	0.5	9	0.8	14	1.1	12	1.3	12	1.3	14	2.5	8
人民幣	0	30	0	35	0.1	29	0.5	20	0.9	17	2.2	9
新西蘭元	0.2	17	0.6	16	1.1	13	1.9	11	1.6	10	2	10
瑞典克朗	0.3	11	2.5	8	2.2	8	2.7	9	2.2	9	1.8	11
俄羅斯盧布	0.3	12	0.3	19	0.6	17	0.7	18	0.9	16	1.6	12
港元	1	8	2.2	9	1.8	9	2.7	8	2.4	8	1.4	13
挪威克朗	0.2	15	1.5	10	1.4	10	2.1	10	1.3	13	1.4	14
新加坡元	1.1	7	1.1	12	0.9	14	1.2	13	1.4	12	1.4	15

① 按照每年四月日均成交額計算得出。

4　人民幣周邊化的現狀分析

表4.15(續)

貨幣	1998年 占比(%)	排名	2001年 占比(%)	排名	2004年 占比(%)	排名	2007年 占比(%)	排名	2010年 占比(%)	排名	2013年 占比(%)	排名
土耳其里拉	—	33	0	30	0.1	28	0.2	26	0.7	19	1.3	16
韓元	0.2	18	0.8	15	1.1	11	1.2	14	1.5	11	1.2	17
南非蘭特	0.4	10	0.9	13	0.7	16	0.9	15	0.7	20	1.1	18
巴西里爾	0.2	16	0.5	17	0.3	21	0.4	21	0.7	21	1.1	19
印度盧比	0.1	22	0.2	21	0.3	20	0.7	19	1	15	1	20
丹麥克朗	0.3	14	1.2	11	0.9	15	0.8	16	0.6	22	0.8	21
波蘭茲羅提	0.1	26	0.5	18	0.4	19	0.8	17	0.8	18	0.7	22
新臺幣	0.1	21	0.3	20	0.4	18	0.4	22	0.5	23	0.5	23
匈牙利福林	0	28	0	33	0.2	23	0.3	23	0.4	24	0.4	24
林吉特	0	27	0.1	26	0.1	30	0.1	28	0.3	25	0.4	25
捷克克朗	0.3	13	0.2	22	0.2	24	0.2	24	0.2	27	0.4	26
泰銖	0.1	19	0.2	24	0.2	22	0.2	25	0.2	26	0.3	27
智利比索	0.1	24	0.2	23	0.1	25	0.1	30	0.2	29	0.3	28
印尼盾	0.1	25	0	28	0.1	27	0.1	29	0.2	30	0.2	30
菲律賓比索	0	29	0	29	0	31	0.1	31	0.2	28	0.1	31
羅馬尼亞列伊	—	35	—	37	—	40	0	34	0.1	33	0.1	32
哥倫比亞比索	—	36	0	31	0	33	0.1	33	0.1	32	0.1	33
沙特里亞爾	0.1	23	0.1	27	0	32	0.1	32	0.1	34	0.1	34
秘魯索爾	—	37	0	32	0	35	0	36	0	36	0.1	35
其他	—		6.6		6.6		7.7		4.7		1.6	
總計[1]	200		200		200		200		200		200	

資料來源：BIS, Triennial Central Bank Survey of foreign exchange and derivatives market activity in 2013。

4.3.3.2 人民幣成為周邊區域內錨貨幣的優勢

伴隨著中國經濟金融體制改革的快速發展，人民幣國際化正在順利快速推進，人民幣有潛力成為中國周邊區域的錨貨幣。首先，中國與周邊區域內經濟體的貿易量高於美國與中國周邊區域內經濟體的貿易量。隨著中國經濟的發展，綜合國力的提升，中國成了周邊區域經濟發展的穩定器。周邊各國看到了中國市場的潛力，紛紛與中國加大貿易量。2014年，中國與周邊23個經濟體

---

[1] 因為每筆外匯交易都涉及兩種貨幣，所以所有貨幣交易額比重的總和是200%。

的貿易額達 18,896.92 億美元，占中國對外貿易總額的 43.9%；而美國與這些國家的貿易額僅有 7,551.24 億美元，不到中國的一半。圖 4.7 顯示了中國與美國在近 5 年與中國周邊 23 個經濟體的貿易總額。從中可以發現，中國與這些國家的貿易額規模大，增長速度快，從 2010 年的 13,313.06 億美元，增加到 2014 年 18,896.92 億美元，增長了 42%。而美國與這些國家的貿易額僅從 6,440.01 億美元增加到 7,551.24 億美元，僅增加了 17.2%。圖 4.8 是中美兩國與中國周邊 23 個國家貿易的具體情況。從中可以看出，中美兩國與這些國家的貿易多集中在日本、韓國、俄羅斯、馬來西亞、新加坡、越南、泰國、印度與菲律賓等國。在這 23 個國家裡，各個國家與中國的貿易額都大於與美國的貿易額，這在一定程度上增加了人民幣成為周邊區域錨貨幣的可能性。其次，中國政府的大力支持。周邊這些國家作為中國的「鄰居」，雙方在一定程度上存在「一榮俱榮，一損俱損」的關係。近年來，中國政府出抬了很多政策促進中國與周邊區域在經濟、政治上的合作，像中國–東盟、中國–新加坡、中國–韓國等自由貿易區的成立。為了擴大人民幣在周邊國家的流通，中國政府更是頒布了大量的政策措施。中國與周邊國家的這種相鄰的地理優勢，在一定程度上加大了中國與這些國家的合作。

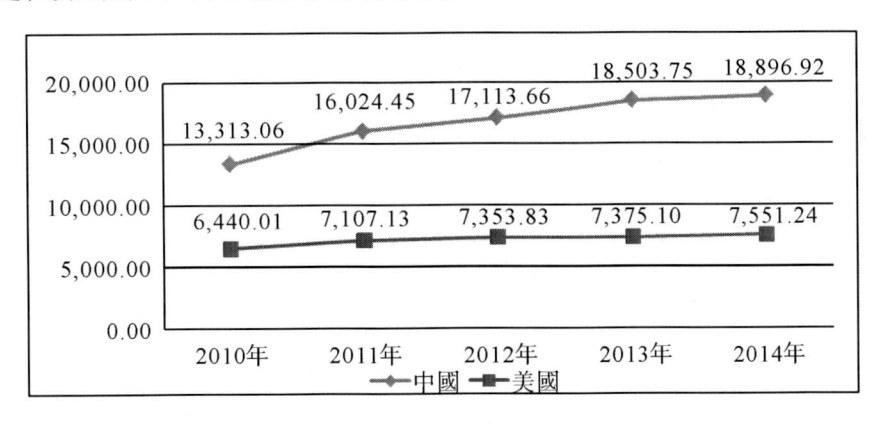

圖 4.7　中國與美國近 5 年與中國周邊 23 個經濟體貿易量（單位：億美元）
資料來源：IMF。

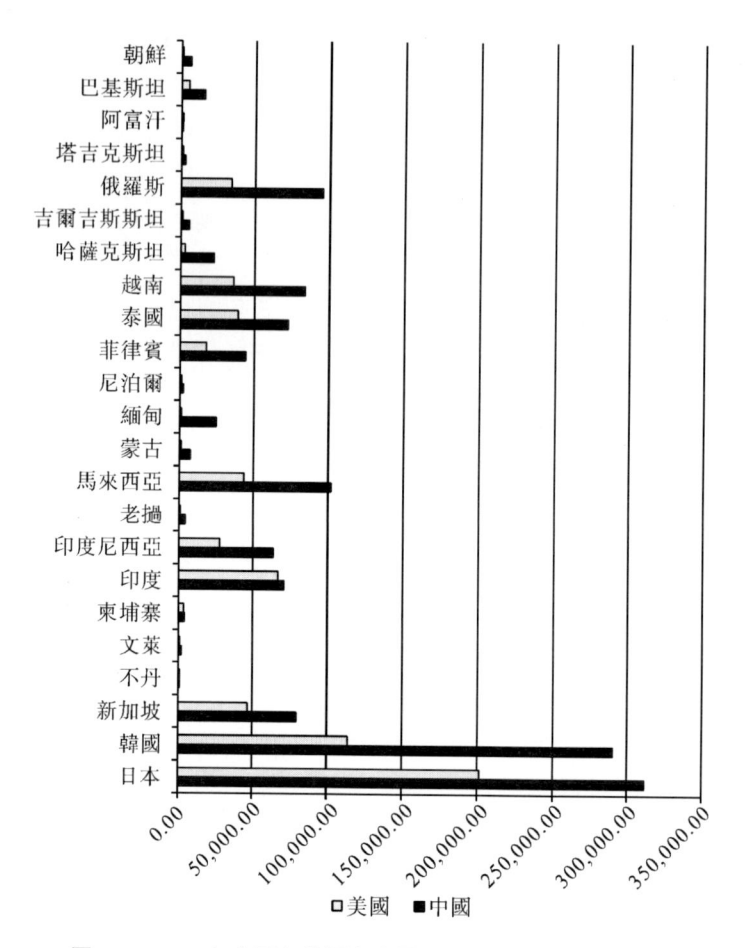

圖4.8　2014年中國和美國與中國周邊23個國家的貿易量

資料來源：IMF。

4.4　人民幣的儲備貨幣地位與貨幣互換

4.4.1　人民幣的儲備貨幣地位

境外央行（貨幣當局）持有人民幣儲備資產呈現良好發展態勢，部分境外央行通過在離岸市場購買人民幣債券等形式將人民幣納入其外匯儲備。但是，人民幣作為儲備貨幣在全球市場上所占份額還很小。表4.16列出了國際貨幣基金組織統計的全球外匯儲備幣種及結構。其中，單獨列出了美元、英

表 4.16　全球外匯儲備幣種及所占比重

（單位：億美元）

	2005 年	2006 年	2007 年	2008 年	2009 年	2010 年	2011 年	2012 年	2013 年	2014 年
外匯總儲備	43,200.44	52,531.01	67,045.63	73,460.74	81,648.45	92,652.91	102,061.30	109,531.19	116,833.90	115,911.25
已分配儲備	28,435.45	33,154.78	41,193.17	42,102.00	45,899.54	51,633.98	56,552.21	60,894.77	62,276.32	60,849.80
美元	18,913.93	21,575.72	26,312.80	26,848.59	28,479.24	31,930.81	35,251.34	37,328.93	38,017.68	38,391.16
英鎊	1,065.58	1,499.94	1,988.81	1,775.46	1,949.04	2,031.81	2,167.69	2,459.60	2,481.28	2,305.54
日元	1,126.06	1,149.51	1,310.18	1,459.66	1,329.94	1,887.72	2,038.76	2,487.80	2,379.58	2,370.90
瑞士法郎	41.43	56.85	63.95	57.99	53.00	66.29	43.68	129.44	167.07	163.45
加拿大元	—	—	—	—	—	—	—	867.57	1,138.01	1,150.48
澳元	—	—	—	—	—	—	—	886.09	1,129.05	1,082.33
歐元	6,792.99	8,272.28	10,761.64	11,035.20	12,695.90	13,426.51	13,940.71	14,744.34	15,184.76	13,468.77
其他貨幣	495.46	600.49	755.80	925.10	1,392.42	2,290.84	3,110.03	1,990.99	1,778.91	1,917.18
未分配的外匯儲備	14,764.99	19,376.23	25,852.46	31,358.74	35,748.92	41,018.93	45,509.09	48,636.43	54,557.58	55,061.45
已分配儲備份額	65.82%	63.11%	61.44%	57.31%	56.22%	55.73%	55.41%	55.60%	53.30%	52.50%
美元份額	66.52%	65.08%	63.88%	63.77%	62.05%	61.84%	62.33%	61.30%	61.05%	63.09%
英鎊份額	3.75%	4.52%	4.83%	4.22%	4.25%	3.94%	3.83%	4.04%	3.98%	3.79%

表4.16(續)

	2005年	2006年	2007年	2008年	2009年	2010年	2011年	2012年	2013年	2014年
日元份額	3.96%	3.47%	3.18%	3.47%	2.90%	3.66%	3.61%	4.09%	3.82%	3.90%
瑞士法郎份額	0.15%	0.17%	0.16%	0.14%	0.12%	0.13%	0.08%	0.21%	0.27%	0.27%
加拿大元份額	—	—	—	—	—	—	—	1.42%	1.83%	1.89%
澳元份額	—	—	—	—	—	—	—	1.46%	1.81%	1.78%
歐元份額	23.89%	24.95%	26.12%	26.21%	27.66%	26.00%	24.65%	24.21%	24.38%	22.13%
其他貨幣份額	1.74%	1.81%	1.83%	2.20%	3.03%	4.44%	5.50%	3.27%	2.86%	3.15%
未分配的外匯儲備份額	34.18%	36.89%	38.56%	42.69%	43.78%	44.27%	44.59%	44.40%	46.70%	47.50%

資料來源：IMF, Currency Composition of Official Foreign Exchange Reserves (COFER), International Financial Statistics (IFS)。

鎊、日元、瑞士法郎、加拿大元、澳元與歐元等七大貨幣在全球外匯儲備中所占的份額。人民幣被包含在其他貨幣份額種類中。2014年，美元、英鎊、日元、瑞士法郎、加拿大元、澳元與歐元等七大貨幣在全球外匯儲備中所占份額分別是63.09%、3.79%、3.90%、0.27%、1.89%、1.78%和22.13%。其中美元以絕對的優勢占據著霸權地位，占全球外匯儲備的一半以上；歐元位居第二，在全球外匯儲備中占據五分之一；而人民幣包含在占全球外匯儲備3.15%的其他貨幣份額中。由此可見，人民幣在全球外匯儲備份額中的地位微不足道，要實現人民幣全球國際化面臨巨大挑戰。

但是人民幣加入SDR貨幣籃子將會促進人民幣作為國際儲備的進程。目前，人民幣已成為繼美元、日元、歐元和英鎊之外的第五大儲備貨幣，所占比重為10.92%。人民幣納入SDR是一個重要里程碑。國際貨幣基金組織同意人民幣成為特別提款權貨幣籃子，說明人民幣達到了加入SDR的條件，並得到了國際認可。預計在未來一段時間內，IMF的188個成員國的央行或貨幣當局將逐漸在其外匯儲備中增持人民幣，增大人民幣在全球外匯儲備中的份額，而人民幣在貿易和投資中的使用也將大幅度提升。這將推動人民幣成為重要的融資貨幣，並且可能會促進更多的大宗商品以人民幣定價，同時也將促進人民幣在國際金融框架中承擔更重要的職能。

4.4.2 貨幣互換助推人民幣周邊化

近年來，中國人民銀行與國外央行之間簽訂了一系列的貨幣互換協議，這是人民幣在對外投資和貿易計價結算之外新的流出渠道。貨幣互換對擴大境外人民幣流通範圍、境外人民幣存量和實現人民幣周邊化具有重要的作用。

4.4.2.1 貨幣互換及其政策功能

貨幣互換產生於20世紀60年代初，經過半個多世紀的發展，貨幣互換已經和國際外匯市場、貨幣市場以及其他金融衍生品交易等緊密地聯繫在一起，被當作金融風險防範工具，用於政府、企業和金融機構管理資產和負債。

貨幣互換，又稱貨幣掉期，是指交易雙方按照事先商定好的規則，在兩筆金額相同、期限相同、計算利率方法相同但貨幣不同之間的調換。貨幣互換調換的是貨幣，其主要目的在於降低籌資成本以及減少匯率變動可能帶來的損失。換句話說，開展貨幣互換的兩個國家在進行貿易和投資時，可以不使用第三方國家貨幣，而是直接使用本幣進行計價和結算，避免不必要的匯兌損失。一般來講，貨幣互換是在指兩國央行之間進行的，通過兩國簽署貨幣互換協議，穩定外匯市場。具體來說，貨幣互換具有以下功能：

第一，增加外匯市場干預能力，節約外匯儲備。一國外匯儲備的主要目的是干預市場，維持本國匯率的穩定。當一國經濟面臨外部衝擊時，對央行而言，最直接的辦法就是通過動用外匯儲備干預外匯市場，通過央行在外匯市場上的外匯買賣操作，實現穩定本國貨幣匯率的目的。對於世界上外匯儲備相對不足的國家，若是央行動用本身就很稀缺的外匯儲備干預外匯市場時，干預的最終結果可能是本國外匯儲備的大量流失而匯率仍不穩定的局面，貨幣危機也就由此產生。如果這些國家通過與其他國家的貨幣互換，特別是當互換的對方國家貨幣既是國際貨幣又是本國外匯儲備貨幣的主要幣種時，本國央行就可以通過互換所得到的外匯來干預外匯市場，從而節約本國的外匯儲備。

第二，增加流動性，緩解央行面臨的資金壓力。一國央行流動性多是通過增加或減少國內流動性資金規模進行控制的。當一國發生金融危機等事件時，國內普遍存在資金短缺狀況，此時央行可以通過貨幣互換來增加流動性。在金融危機爆發時期，往往是央行貨幣互換協議最多之時。通過貨幣互換，資金充裕國央行向資金相對短缺的國家提供流動性，並由資金需求國央行承擔信貸風險，從而避免因直接向境外銀行貸款可能帶來的風險。而央行雙邊的貨幣互換，在一定程度上還能遏制國際金融危機的傳染。因為通過貨幣互換，非危機國向危機國央行提供額外的流動性支持，遏制危機國短期內的資金流動性枯竭，增強國家干預金融市場的能力，增加投資者對危機國金融市場的信心，避免通過投資者的信心形成危機傳染。從這個意義上來說，貨幣互換可以是央行應對金融危機的一種應急手段，通過互換增加流動性，降低危機國金融市場的動盪，避免金融危機的進一步擴散。

第三，擴大本幣的使用範圍和推動本國貨幣國際化的進程。貨幣互換可以增加本國貨幣在對方市場上的存量，加快對方國家央行對本國貨幣的累積速度，使本國貨幣逐步發揮儲備貨幣職能。貨幣互換會增加兩國貿易和投資中採用本幣計價和結算的機會，使互換貨幣逐步發揮支付手段和計價手段職能。貨幣國際化是貨幣在不斷發揮計價、結算和儲備等國際貨幣職能的過程中逐步實現的，因此，貨幣互換在一定程度上也推動了貨幣國際化的進程。

4.4.2.2 中國參與周邊國家和地區貨幣互換的發展進程

由於人民幣價值穩定，而且中國經濟保持高速增長的前景，加上中國政府開始推動人民幣跨境使用，人民幣逐漸成為一些企業甚至國家政府願意持有的資產，於是中國政府積極推動人民幣與其他國家貨幣互換協議的簽訂。作為創建《清邁協議》多變化合作機制的重要國家，2001年12月6日，中國簽署了第一份貨幣互換協議，即與泰國銀行簽署的金額為20億美元的貨幣互換協議。

從此以後,中國政府開始不斷與世界各地的央行簽訂本幣互換協議,這一方面是為了維護地區金融穩定並推動區域間的金融合作,另一方面也是為了滿足人民幣國際化進程中的客觀需求。截至 2015 年 5 月末,中國人民銀行與 32 個國家和地區的中央銀行或貨幣當局簽署了雙邊本幣互換協議,協議總規模約 3.1 萬億元人民幣。從中國目前簽訂的貨幣互換協議看,主要是滿足人民幣跨境貿易結算需求,人民幣作為儲備貨幣的功能並沒有得到較好體現。

表 4.17　　　　　中國與周邊國家簽署的貨幣互換協議

協議夥伴	簽署日期	規模和幣種
泰國	2001 年 12 月 6 日	20 億美元,美元—泰銖
日本	2002 年 3 月 28 日	30 億美元,人民幣—日元
韓國	2002 年 6 月 24 日	20 億美元,人民幣—美元
馬來西亞	2002 年 10 月 19 日	15 億美元,美元—林吉特
菲律賓	2003 年 8 月 30 日	10 億美元,美元—比索
印度尼西亞	2002 年 12 月 30 日	10 億美元,美元—印尼盧比
印度尼西亞	2006 年 10 月 17 日	40 億美元,美元—印尼盧比
日本	2007 年 9 月 20 日	30 億美元,人民幣—日元
韓國	2008 年 12 月 12 日	1,800 億元人民幣—38 萬億韓元
馬來西亞	2009 年 2 月 8 日	800 億元人民幣—400 億林吉特
印度尼西亞	2009 年 3 月 23 日	1,000 億元人民幣—175 萬億印尼盧比
新加坡	2010 年 7 月 23 日	1,500 億元人民幣—300 億新加坡元
蒙古	2011 年 5 月 6 日	50 億元人民幣—10 萬億蒙古圖格里克
哈薩克斯坦	2011 年 6 月 13 日	70 億元人民幣—1,500 萬億堅戈
韓國	2011 年 10 月 26 日	3,400 億元人民幣—64 萬億韓元
泰國	2011 年 12 月 22 日	700 億元人民幣—3,200 億泰銖
巴基斯坦	2011 年 12 月 23 日	100 億元人民幣—1,400 億盧比
馬來西亞	2012 年 2 月 8 日	1,800 億元人民幣—900 億林吉特
蒙古	2012 年 3 月 20 日	100 億元人民幣—2 萬億圖格里克
新加坡	2013 年 3 月 7 日	3,000 億元人民幣—600 億新加坡元
印度尼西亞	2013 年 10 月 1 日	1,000 億元人民幣—175 萬億印尼盧比
蒙古	2014 年 8 月 21 日	150 億元人民幣—4.5 萬億蒙古圖格里克

表4.17(續)

協議夥伴	簽署日期	規模和幣種
韓國	2014年10月11日	3,600億元人民幣—64萬億韓元
俄羅斯	2014年10月13日	1,500億元人民幣—8,150億盧布
哈薩克斯坦	2014年12月14日	70億元人民幣—2,000億哈薩克堅戈
馬來西亞	2015年4月17日	1,800億元人民幣—900億林吉特

資料來源：根據中國人民銀行網站的相關新聞整理所得。

從表4.17中可以看出，2008年金融危機之前，中國與泰國、韓國、馬來西亞、印度尼西亞、菲律賓和日本6個國家簽署了貨幣互換協議，按美元計價的總金額達175億美元。從這階段的貨幣互換協議中可以明顯地發現，絕大部分國家都是以美元作為協議貨幣，與對方國開展貨幣互換，只有與日本的貨幣互換是人民幣對日元的互換，以美元計值金額為60億美元。這一特點說明在這一段時間內，人民幣的可兌換性不強，在周邊國家被接受度不高，但中國越來越多的外匯儲備又對這些國家有著強大的吸引力，這些國家想通過與中國以美元為協議貨幣的互換交易，彌補國內外匯儲備不足的缺陷，從而增強本國央行的國際清算能力。而對中國來說，通過貨幣互換也可進一步深化中國與這些國家的貨幣金融合作關係。2008年金融危機後，中國與周邊國家簽署的貨幣互換協議大量增加。

自2008年12月12日，中國人民銀行與韓國央行簽署的1,800億元人民幣與38萬億韓元的貨幣互換協議以來，到2015年4月17日，與馬來西亞簽署的1,800億元人民幣與900億林吉特的雙邊本幣互換協議，中國與周邊國家共簽署的貨幣互換協議總計為18項，總金額共為22,440億元人民幣。在這一階段，中國與周邊國家簽署的大量貨幣互換協議動因主要有兩個：一是防範美國金融危機和歐債危機的傳染，維護區域穩定，加強雙邊金融合作，促進貿易和投資，加快經濟發展速度；二是中國欲借助這種方法擴大人民幣的國際使用範圍和規模，擺脫對美元等貨幣的過度依賴，這也可以從這階段的貨幣互換協議為雙邊貨幣互換，不涉及第三方國家貨幣這一特點體現出來。

5 人民幣周邊化的抑制因素

通過前面兩章的論述可以看出，無論是從中國經濟實力還是中國與周邊國家的經濟聯繫以及人民幣周邊化的現狀來看，人民幣要在周邊區域內實現國際化有許多有利因素，例如，人民幣在周邊國家已有了一定規模的流通，甚至已經成為了部分國家的錨貨幣，這都說明了人民幣在中國周邊區域內具有一定的影響力，人民幣周邊化已取得了一定的成果。但是，目前的狀況離人民幣實現真正的周邊化和國際化還有很大的差距，並且隨著跨境貿易人民幣結算的發展，人民幣進口結算與出口結算出現不對稱現象，人民幣回流渠道少且限制多。同時，地區不穩定等一些非經濟因素也將抑制人民幣周邊化的推進。

5.1 人民幣周邊化過程中遇到的問題

5.1.1 跨境貿易人民幣進出口結算不對稱

自跨境貿易人民幣結算正式啟動以來，規模迅速擴大。2010 年，銀行累計辦理人民幣結算業務 5,063.4 億元，到 2015 年，跨境貿易人民幣結算金額合計 7.23 萬億元，增長了 13 倍左右。隨著跨境貿易人民幣結算的順利推進，很多學者開始注意到一種「跛足」現象，即人民幣跨境貿易結算集中於進口而非出口（何帆等，2011；王信，2011）。從圖 5.1 可以看出，跨境貿易人民幣結算實付與實收的比例一直大於 1，說明用於進口支付的人民幣多於出口回流的人民幣。

這種進出口結算貨幣不對稱出現的主要原因在於國際上對人民幣升值的預期，境外貿易企業更願意接受人民幣收款，而不太願意用人民幣支付貨款，使人民幣結算的付收比達到最高值 5.5。因此，人民幣升值預期在進出口結算失衡發展當中起到重要作用。因為人民幣升值的預期，使境外居民願意接受人民幣，促進貿易人民幣結算的快速發展，但是這種發展模式很不穩定，當人民幣

升值預期消失時，人民幣貿易結算量就會因此而下降。雖然2011年以來人民幣呈現雙邊浮動的趨勢，人民幣結算收付趨於接近，但是人民幣匯率升值預期在中長期內會一直存在，這就會導致人民幣保持淨外流趨勢，境外人民幣供給會不斷增加。這一方面會導致人民幣升值利益輸出境外，而中國企業和貨幣當局將會承擔美元可能貶值帶來的損失；另一方面，中國的外匯儲備會增加，這將提升人民幣升值的壓力，提高境外居民對人民幣升值的預期，從而反過來進一步增加進口人民幣結算量，導致進出口結算更加失衡。

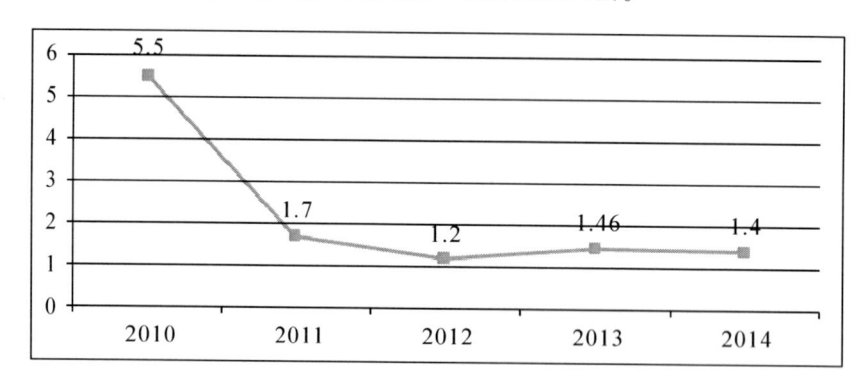

圖 5.1　跨境貿易人民幣結算額及付收比

資料來源：中國人民銀行《中國貨幣政策執行報告》。

5.1.2　人民幣資本項目回流渠道少

經常項目的人民幣回流主要通過貿易結算，回流比較順暢，而在資本與金融項目上，回流渠道並不順暢，國家對此限制較多，從獲取資質到投資方向再到最後資金使用都有十分詳細的限制。目前，人民幣資本項目回流渠道主要有兩個：一是境內機構在香港發行人民幣債券，二是境外機構或個人投資者向境內進行投資。不論是境內機構赴香港發行債券，還是境外機構投資人民幣金融資產，都有很多的限制（見表5.1），不僅要求發行機構本身應具備一定條件，同時對資金的使用範圍也有所限制。

表 5.1　　　　　　資本和金融項目下的人民幣回流渠道及限制

香港發行債券	
境內金融機構	境內金融機構赴香港發行人民幣債券應向中國人民銀行遞交申請材料，並抄報國家發展和改革委員。中國人民銀行會同發改委依法對境內金融機構赴香港發行人民幣債券的資格和規模進行審核，並報國務院。同時，國家外匯局依法對境內金融機構在香港發行人民幣債券所籌的資金進行登記和統計監測，並對境內金融機構兌付債券本息進行核准。商業銀行赴香港發行人民幣債券應具備7項條件：具有良好的公司治理機制、核心資本充足率不低於4%、最近3年連續盈利、貸款損失準備計提充足、風險監管指標符合監管機構的相關規定、最近3年沒有重大違法違規行為、中國人民銀行規定的其他條件
境內非金融機構	境內非金融機構赴香港發行人民幣債券，應報國家發改委核准，必須滿足6項條件：有良好的公司治理機制、資信情況良好、盈利能力較強、最近三年無重大違法違規行為、募集資金應主要用於固定資產投資項目，並符合國家宏觀調控政策、產業政策、利用外資和境外投資政策以及固定資產投資管理規定，所需相關手續齊全，並且已發行的所有企業債券或者其他債務未處於違約或者延遲支付本息的狀態
境外機構投資者向境內進行投資根據主體不同 向人民銀行提交相關材料並等待中國人民銀行審核批准	
國際開發機構	國際開發機構在中國境內申請發行人民幣債券應向財政部等窗口單位提交債券發行申請，由窗口單位會同中國人民銀行、國家發展和改革委員會、中國證券監督管理委員會、國家外匯管理局等部門審核通過後，報國務院同意。國際開發機構申請在中國境內發行人民幣債券應具備以下條件：①財務穩健，資信良好，經兩家及以上評級公司評級，其中至少應有一家評級公司在中國境內註冊且具備人民幣債券評級能力，人民幣債券信用級別為 AA 級或以上；②已為中國境內項目或企業提供的貨款和股本資金在十億美元以上，經國務院批准予以豁免的除外；③所募集資金應優先用於向中國境內的建設項目提供中長期固定資產貨款或提供股本資金，投資項目符合中國國家產業政策、利用外資政策和固定資產投資管理規定
基金管理公司、證券公司、人民幣合格境外機構投資者	香港子公司投資境內證券市場須經中國證券監督管理委員會批准，並取得國家外匯管理局批准的投資額度。香港子公司申請開展在香港募集人民幣資金境內證券投資業務試點，應當具備下列條件：在香港證券監督部門取得資產管理業務資格並已經開展資產管理業務，財務穩健，資信良好；公司治理和內部控制有效，從業人員符合香港地區的有關從業資格要求；申請人及其境內母公司經營行為規範，最近3年未受到所在地監管部門的重大處罰；申請人境內母公司具有證券資產管理業務資格；中國證監會根據審慎監管原則規定的其他條件

資料來源：根據相關政策文件整理所得。

5.1.3 跨境地下經濟猖獗

地下經濟，按其字面意思可以理解為，在暗地裡進行的不能被大家所知道的經濟活動。《經濟與管理大辭典》中對地下經濟進行了如下的概述：地下經濟是指官方控制不到的經濟活動。這類經濟活動由於不能被官方所知道，所以官方統計的國民生產總值並不包含這類經濟活動，當然，這類經濟活動也不會向政府納稅等。地下經濟一般包含以下兩種類型：第一，非法經濟、經營活動，如走私、販毒等；第二，合法經營單位的非法收入，如偷稅、漏稅等。中國周邊國家和地區，存在大量的走私、賭博以及毒品買賣等非法的經濟活動，通常以人民幣進行交易，而這些人民幣的流通量是沒有被政府部門監管到的，進而沒有相應的統計數據。

陳暉（2008）比較詳細和清楚地論述了雲南省和東南亞國家之間的地下經濟，以及由此引起的人民幣跨境流通。他指出，在雲南省跨境的地下經濟主要包括走私毒品、玉石、抽木、貴金屬、礦、稀有動物、槍支、偷渡，從事賭博、人口拐賣等非法經濟貿易活動。其中，以海洛因為主體的毒品地下產值約有119.50億元人民幣。如果根據2000—2004年的平均產量和交易價格及最低的利潤作簡要計算，大約共計為179.25億元，其中海洛因92億元、鴉片7.5億元、冰毒20億元。並且，泰國的毒品交易自1997年「金融危機」以來一直使用人民幣結算，至今沒有改變。除了毒品產業，賭博也是境外人民幣流通的核心地帶，且已經形成規模經濟，其年產值高達約200億元。在東南亞許多國家如柬埔寨、緬甸、越南、老撾、印度、韓國、馬來西亞、菲律賓都有賭場營運。近些年來，隨著城市人均可支配收入的不斷增加及出國旅行的人數的快速增長，中國人出境賭博的可能性大大增加，有可能造成更多的人民幣在境外沉積。

人民幣通過非法的路徑跨境流動，會給中國帶來嚴重的危害。一方面，資金外逃會減少國內可用來進行投資的額度，國內投資規模縮小，會造成經濟增長變緩、失業增加等問題；另一方面，非法外逃資金有可能被用來投機獲利，進而再流轉回國內，這會引起國內資產價格的變化，甚至引起經濟泡沫等。在相關國家缺乏監管制度的環境下，非法交易促使了大量人民幣流入周邊國家境內，那些流入的人民幣在很大的程度上滿足了其周邊各國境內對中國人民幣的貨幣需求，造成非法流出的人民幣擠出境外各國居民對人民幣正常需求的局面，從而在一定程度上減少了人民幣在周邊國家和地區的流通。

5.2 非經濟因素對人民幣周邊化的抑制

一國貨幣的國際化不僅需要貨幣發行國經濟強盛，還需要強大的政治後盾作為支撐。非經濟因素如歷史問題、領土爭端等也會影響人民幣在周邊國家和地區的流通和使用，阻礙人民幣周邊國際化的進程。

5.2.1 國際政治關係對貨幣國際化影響的理論分析

縱觀歷史發展，貨幣產生於人類經濟發展過程中，至今已有幾千年的歷史。從貨幣形態的演進來看，經歷了實物貨幣、金屬貨幣、紙幣、電子貨幣的演變。目前，商品與貨幣之間等價交換的關係已逐漸由國家擔保的信用關係替代。自從貨幣與國家信用掛勾開始，貨幣就是一種權力，除了市場邏輯之外，還有一個政治邏輯，並且後者才是解決問題的關鍵，才更有助於理解貨幣問題的本質和現實。貨幣的運動與國家政治活動日益緊密地交織在一起，二者的交融演進也為國際貨幣體系的產生與發展產生了重要影響。

一國的綜合國力決定了其貨幣國際化的程度。綜合國力不僅包括經濟實力，還包括政治地位。國際政治關係也是影響貨幣國際化的一重大因素。Bergsten（1996）明確指出，一國貨幣國際化除了需要強大的經濟實力，還需要由貨幣發行國牢固的政治號召力作為支持。[①] 諾貝爾經濟學獎得主羅伯特·蒙代爾在其1999年獲獎後發表的經濟學演講中曾表示，「貨幣因素在許多政治事件中起到了決定性的作用」「政治實力在一國（或地區）貨幣國際化進程中所起到的作用是不容小視的，不能想像一個發行國際貨幣的國家（或地區）在全球政治經濟格局中只佔有微不足道的份額」。他在2003年專門分析了國際政治關係影響貨幣國際化背後的邏輯，認為國家和市場的共存及其相互作用已成為事實，國際政治關係與國家間經濟成本和利潤的分配相互影響。一國會更願意使用那些友好國家的貨幣進行往來，兩國關係越密切，公眾越傾向於使用該貨幣，對該貨幣的依賴性、穩定性越強。因此，與其他國家發展友好關係是一國貨幣在世界範圍內成為長久而舉足輕重的國際貨幣的重要支撐。[②] 古德哈

[①] BERGSTEN C. The Dilemmas of the Dollar: the Economics and Politics of United States International Monetary Policy [M]. New York: New York University Press, 1996.

[②] MUNDELL R.「EMU and International Monetary System [C]. The EPR Conference on the Monetary Future of Europe, 1992: 11.

特也曾提出，相比較交易成本決定貨幣的選擇更加合理的理論應當是，「各種貨幣的空間範圍決定與經濟成本最小化之間幾乎沒有任何關係，而起決定性作用的是政治主權」。① Eichengreen 和 Flandreau（2010）解釋了美元成功替代英鎊成為貿易融資市場主要貨幣的原因，正是與許多國家建立了友好援助的雙邊關係。貨幣發行國可以通過地緣政治、軍事干預、區域化戰略部署、國家貨幣聯盟等對貨幣的使用產生與市場反向的「鎖定」反應。②

綜上所述，對國際政治關係進行研究的學者普遍認可政治主權對於一國貨幣國際化有著重要的影響，兩國之間的貨幣交易會隨著兩國間友好政治關係的加深而增多，反之，當兩國政治更多是衝突甚至是戰爭時，貨幣交易量會減少。所以，兩岸關係的不穩定、中日及與東南亞國家之間的島嶼爭端會減少人民幣在這些國家的流通，會在一定程度上阻礙人民幣周邊化的推進。

5.2.2 兩岸不穩定政治關係的經濟效應

回顧海峽兩岸經濟關係的發展可以發現，政治因素對一般性的兩岸經濟交流與合作影響相對較小，但對兩岸經濟合作制度化安排這種需要公權力介入、協商這類經濟合作的影響顯得更直接、更大。在海峽兩岸關係發展進程中，兩岸經濟合作制度化進程非常緩慢，並且隨著兩岸經濟合作制度化的推進，政治因素的作用在逐步增強。《海峽兩岸經濟合作框架協議》（簡稱 ECFA）是以「九二共識」及一個中國原則為基礎簽訂的。雖然 ECFA 早期收穫清單獲得全面落實，對臺灣的經濟效益也有明顯促進作用，但是臺灣的反對勢力仍在試圖推翻 ECFA。2012 年 7 月 20 日臺灣「行政院公投審議委員會」進行重新審查，黃昆輝希望繼續發動「公民投票」來廢止已經實施的 ECFA。由於民進黨等島內反對勢力在兩岸交流互動上有著諸多反對行為以及其在臺灣內部有著一定的政治影響力，ECFA 的未來也充滿不確定性。2014 年 3 月 18 日，臺灣數百名大學生以「反對黑箱服貿」為由，以突襲方式占領立法機構，30 日又動員十餘萬民眾與學生上街遊行，反對《海峽兩岸服務貿易協議》，直接導致兩岸服務貿易協議的暫時擱淺，這證明了政治因素對兩岸經濟合作的影響，甚至對兩岸經濟關係發展起關鍵性作用。兩岸經濟關係的發展受到政治因素的阻礙，這必將減少以貿易、旅遊等主要渠道流出的人民幣數量，影響人民幣在臺灣地區

---

① 查爾斯·古德哈特. 古德哈特貨幣經濟學文集（上卷）——貨幣分析、政策與控制機制[M]. 康以同等，譯. 北京：中國金融出版社，2010：42-47.
② EICHENGREEN B, FLANDREAU M. The Federal Reserve, the Bank of England and the Rise of the Dollar as an International Currency, 1914—1939 [R]. BIS Working Paper, 2010.

的國際化進程。

5.2.3 中日關係對人民幣周邊化的影響

中日既是東亞兩大強國，也是世界第二、第三大經濟體。中日雙邊關係的穩定對維護地區及全球和平、增進兩國人民福祉有著極其重要的意義。

自1972年中日建交以來，有兩大問題一直影響中日關係的正常發展。一是日本頑固勢力拒不反省戰爭罪行的錯誤歷史觀，例如靖國神社問題；二是釣魚島爭端。

貿易和旅遊是人民幣流出國門的兩大主要渠道。受釣魚島爭端、參拜靖國神社等影響，中日貿易和旅遊業都不同程度地受到了衝擊，據日本財務省統計，2012年的中日貿易總額較上年減少3.3%。其中，日本對華出口下降10.4%，進口雖保持了正增長，但增長率僅為3%，告別了以往二位數的增長速度。日本對華貿易逆差額接近168億美元，占其對世界出口逆差總額的86%，成為日本出口減少的主要原因，對華貿易占日本貿易總額的比重因此下降了0.9%，其中出口占比下降1.6個百分點，進口占比下降0.2個百分點。進入2013年，受日本首相參拜靖國神社的影響，中日雙邊貿易繼續惡化。從對旅遊服務的影響來看，釣魚島爭端導致兩國交往減少，往返中日兩國的飛機空座率很高，雙方航空業損失較大。從2013年5月公布的2012年簽證簽發的統計來看，2012年對華簽發簽證數為111萬，其中9—12月僅簽發14.4萬，較上年同期簽發的25.9萬，減少了45%。目前，中國遊客已經成為日本旅遊業發展的主要支撐。中國獲得日本的簽證數已經連續11年位居第一位，占日本簽證總數的56%。從消費來看，中國赴日遊客人均消費16萬日元，是其他國家在日本人均消費8萬日元的兩倍。

兩國領土爭端，定會傷害兩國人民的感情，這將阻礙人民幣的國際化之路。中國一直希望通過外交對話解決釣魚島問題，也得到了日本國內有識之士的贊同。這將導致兩國政治經濟關係一直不穩定。日本政府只有不歪曲歷史，端正態度，才能與中國政府更好的處理和解決釣魚島問題。否則將兩國關係逼入死胡同，雙方都會為此付出代價。

5.2.4 南海爭端

所謂政治問題背後一定有其複雜的經濟邏輯，南海爭端問題既是歷史問題，也包含著地緣政治、資源供給和海上通道等現實問題，更是嵌入貨幣格局變遷因素的經濟與金融問題。換句話說，在全球經濟與政治力量重心逐步向東

方轉移的今天，過去在美國的全球戰略棋局中地位並不顯耀的南海問題，如今正成為美國介入亞洲尤其是東南亞事務的重要立足點。一旦美國牢牢主導南海問題，則不僅能夠鞏固其以美元為中心的幣緣政治，而且將極大地鉗制中國謀求整合區域經濟與金融體系的努力。

　　作為世界經濟與政治重要一極的亞洲，自東南亞金融危機以來，顯著加快了區域經濟合作的步伐，例如擴大雙邊貨幣互換規模、增加債券投資、中國-東盟自由貿易區建設的持續推進等，這些都是中國和包括日韓、東南亞等在內的亞洲經濟體為節約區內交易成本、增強經濟競爭力的戰略性安排。中國一直致力於擴大人民幣的國際影響力，這在一定程度上會影響美國的全球貨幣與金融體系的主導者地位。

　　目前在東南亞，中國穩步推進「一帶一路」倡議，並經由亞投行、絲路基金等平臺，著力推動區域全球經濟夥伴關係，最終促成亞太自貿區的建成，而這將促使人民幣在亞洲發揮「錨貨幣功能」，這是人民幣真正擺脫美元束縛的關鍵步驟。

6　推進人民幣周邊化的政策建議

　　中國強大的經濟實力是人民幣周邊化的經濟基礎。要推動人民幣周邊化的發展，應保持中國經濟的快速發展，穩固並提高人民幣在周邊國家和地區的影響力，進一步擴大人民幣在周邊國家和地區的流通規模。要實現人民幣的周邊化，就要進一步加強中國與周邊經濟體的經濟聯繫，擴大區域經濟貨幣金融合作，實現共同發展。人民幣在周邊化進程中遇到的問題歸根於中國金融市場的不健全，這就要求中國繼續推進金融市場的改革，逐步開放資本帳戶，促進人民幣可兌換進程，為人民幣的回流提供便利。人民幣離岸市場為人民幣周邊化的發展做出了重要貢獻，應進一步發展完善人民幣離岸市場，促進人民幣周邊化。

6.1　以供給側結構性改革促進中國經濟高速發展

　　強大的經濟實力是一國貨幣國際化的推動力和根本保證。在國際貿易、資本流動中，選擇什麼貨幣作為計價和結算貨幣，一定程度上取決於貨幣的交易成本，根本上取決於交易各方對該貨幣購買力的信心，這種信心主要來自對貨幣發行國經濟實力和國際地位的認可。

　　中國強大的經濟實力為人民幣國際化的順利推進提供了強有力的後盾支持。目前，中國存在經濟增速下降、工業品價格下降、實體企業盈利下降及經濟風險上升等問題，先前推動中國經濟高速增長的動力已經失效，「高投入、高消耗、高污染、低效益」的經濟增長方式難以為繼，因此加快經濟轉型升級，構建新的經濟增長動力，是中國實體經濟可持續發展的當務之急。在這種形式下，以供給側改革重構中國經濟持續發展的基礎，能促進中國經濟高速發展，使人民幣國際化之路走得更加堅定和長遠。

6.1.1 中國經濟可持續發展的阻力

2008 年國際金融危機爆發以來，全球經濟進入了漫長的衰退期，對外依賴度較高的中國經濟受到嚴重影響，國內產業結構不合理問題凸顯。尤其是在 G20 國家實施的反危機經濟刺激計劃下，中國經歷了一輪粗放式經濟擴張，導致了嚴重的負債經營和產能過剩，經濟背上了沉重的包袱，增長動力嚴重不足。2015 年，中國 GDP 同比增長 6.9%，比上年下降 0.4%，已是連續第 5 年下降。工業增加值增長 5.9%，比上年下降 1%，亦是連續 5 年下降。工業企業利潤同比下降 2.3%，僅 11 月虧損企業數就達 54,459 個，同比增長 17.4%。過去相當長一段時期內作為中國經濟增長重要引擎的出口貿易持續低迷，2015 年，中國進出口貿易總額為 39,586.4 億美元，其中進口總額為 16,820.7 億美元，出口總額為 22,765.7 億美元，三者分別同比下降 8.0%、14.1%和 2.8%。這一切跡象都表明了中國經濟可持續發展遇到了阻力，原因可歸結為以下幾個方面。

6.1.1.1 創新能力弱

2015 年 10 月 29 日，習近平總書記在黨的十八屆五中全會第二次全體會議上的講話中提出：「中國創新能力不強，科技發展水準總體不高，科技對經濟社會發展的支撐能力不足，科技對經濟增長的貢獻率遠低於發達國家水準，這是中國這個經濟大個頭的『阿喀琉斯之踵』。」《2015 中國大企業發展趨勢》報告顯示：94 家上榜 2015 世界 500 強的中國企業中，儘管有 74 家申報了研發投入，研發強度為 1.24%，但與世界 500 強企業的平均研發強度 3%~5%相比，還有較大差距。同時，中國科技創新成果轉化不足也是創新能力不強的主要原因。雖然，早在 2013 年，中國 SCI（科學引文索引）和 EI（工程索引）數據庫收錄的中國科技論文數量就分別達到 23.14 萬篇和 16.35 萬篇，位列世界第二和第一，但科技成果轉化率僅為 10%左右，遠低於發達國家 40%的水準；專利技術交易率只有 5%。可以說，我們很多科技成果只是或只能停留在學術論文階段，缺少實際應用價值。

改革開放以來，由於技術水準落後，缺乏核心技術，中國多數企業只能從事技術含量低的勞動密集型產品的生產。相應地，企業的創新意識不強，科研投入較少。2000 年，中國的研發支出占 GDP 的比重只有 0.9%，遠遠低於美國的 2.6%、日本的 3.0%、英國的 1.7%和歐元區的 1.8%。科技對 GDP 增長的貢獻度不足 20%。從圖 6.1 中可以看出，中國的研發支出占 GDP 的比重是逐年增加的，在 2010 年首次超過英國，並逐步接近歐元區水準，但與美國、日

本相比，仍有很大的差距。2015 年，中國的研發支出為 1.4 萬億元，是僅次於美國的世界第二大研發經費投入國家。科技創新的本質在於人才的培養，中國科技人才的缺乏是制約中國創新能力的關鍵。2000 年，中國每百萬人口中研發人員僅為 547 人，同期，美國為 3,476 人，日本 5,151 人，英國 2,897 人，歐元區 2,453 人。經過不懈努力，中國的科技人才培養取得了很大的成績，與發達國家的差距有所縮小。2014 年，中國每百萬人口中研發人員達到 1,113 人，大約是美國的 1/4，日本的 1/5（見圖 6.2）。

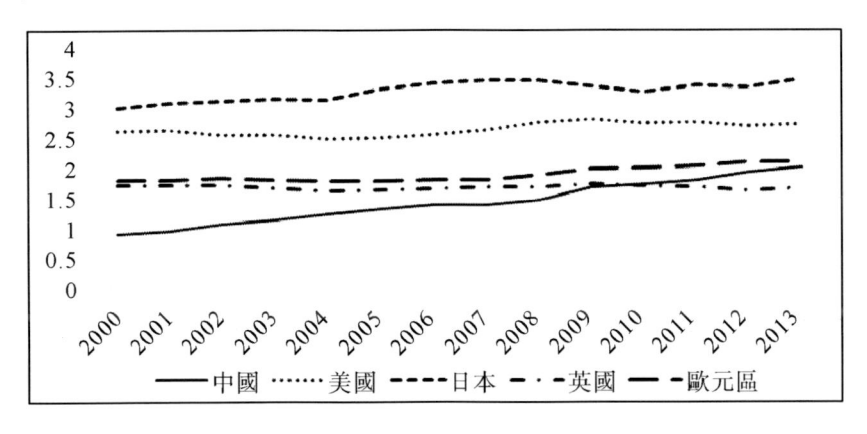

圖 6.1　研發支出占 GDP 的比重（單位:%）

資料來源：世界銀行。

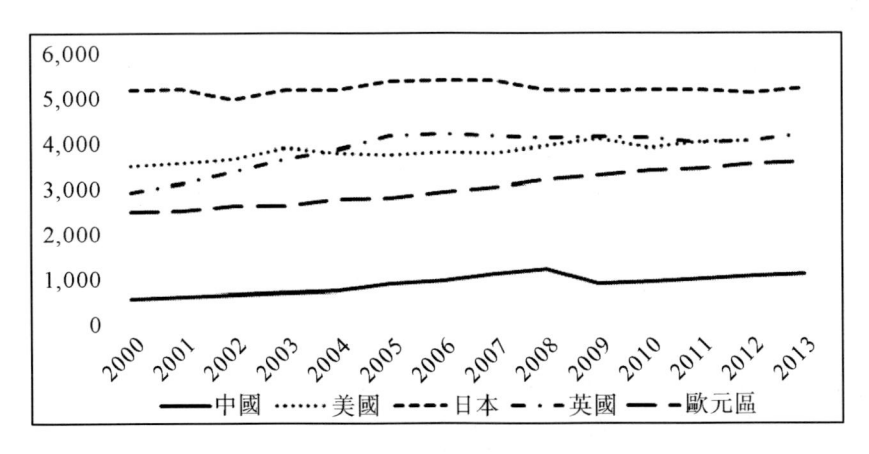

圖 6.2　每百萬人中研發人員數（單位：人）

資料來源：世界銀行。

6.1.1.2　經濟結構失衡

中國經濟結構失衡的一個重要表現是消費率的逐年下降和儲蓄率的持續攀

升。2000—2008年，居民儲蓄意願陡增，儲蓄率從36.2%上升到51.8%，消費率則從63.3%下降到49.2%（見圖6.3）。儲蓄和消費結構的變化，使得中國的內需市場萎縮，中國經濟的增長不得不轉向投資和出口帶動。2008年的全球金融危機以及後續的國際市場疲軟，使得國際市場的需求也隨之下降，供過於求的結構性失衡以及部分行業產能過剩問題暴露無遺。為了保持一定的經濟增長速度，政府被迫採用大力度的擴張性財政政策和貨幣政策，期許通過擴大投資帶動經濟發展。大規模的投資使生產能力急遽擴張，而消費增長速度卻趕不上資本投入和生產能力的擴張，惡化了內需不足和生產能力過剩的失衡狀況。

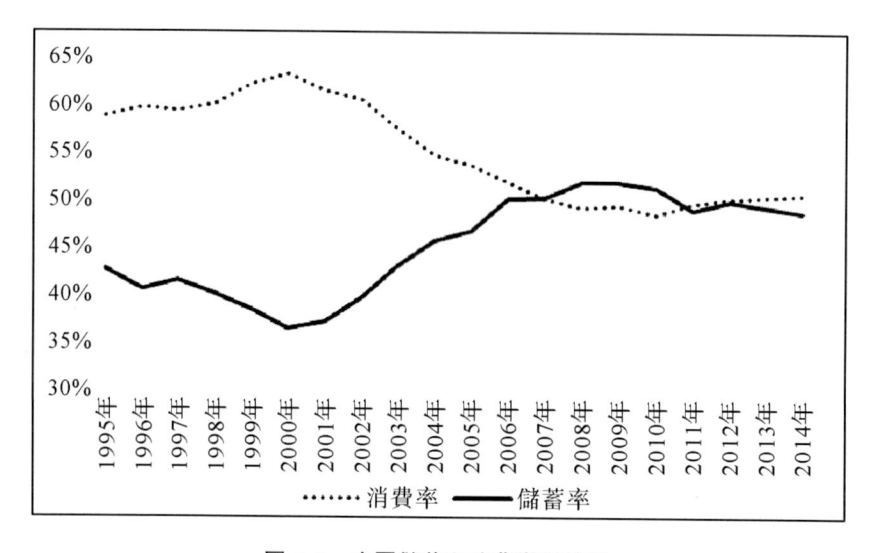

圖6.3 中國儲蓄和消費變化情況

資料來源：中國國家統計局和世界銀行。

部分行業產能過剩，而居民的生活需求得不到有效滿足是中國經濟結構性失衡的另一個表現。在經濟轉型升級過程中，鋼鐵、煤炭、化工、建材、電解鋁等5大類行業出現了嚴重的產能過剩。例如，按2015年煤炭消費量35億噸估算，中國煤炭產能過剩22億噸，產能利用率不足70%。在2015年，全國規模以上煤炭企業實現利潤同比下降62%，行業虧損面達到90%以上，國有煤炭企業整體由2014年盈利300億元轉為虧損260億元[①]。2012年以來，中國鋼鐵產業利用率持續在合理水準線以下，2015年產能利用率不足67%，整個行

---

① 連維良. 煤炭行業脫困當務之急是加強供給側管理 [J]. 中國經貿導刊, 2015 (36): 21-23.

業虧損嚴重。在部分產業嚴重過剩的同時，居民的有些生活需求還得不到有效滿足。改革開放以來，中國長期實行「需求引導供給，供給改善需求」的發展策略，在物資短缺、購買力較弱的時期，過多注重「量」上的滿足，而對品質和品牌的強調遠遠不足。隨著居民收入水準的提升，消費檔次隨之提高，使得國內不可避免地出現一方面很多行業產能過剩，另一方面居民還想方設法地到國外或通過代購方式購買一些日常生活用品的現象。如何穩步調整經濟結構，減少無效和低端供給，對中國未來經濟的發展至關重要。

6.1.2 以供給側改革促進中國經濟發展

在2015年10月召開的黨的十八屆五中全會上，首次提出了「創新、協調、綠色、開放、共享」五大發展理念，要求充分發揮市場在經濟發展中的基礎性作用，要求制定政策的著眼點從以前的需求管理轉向供給側改革。供給側改革的實質是從生產要素角度出發，通過「去產能、去庫存、去槓桿、降成本、補短板」，降低無效產能，盤活資本存量，彌補結構性短板，提高全要素生產率，為中國經濟發展培育新的動力。

6.1.2.1 去產能、去庫存、去槓桿、降成本

在過去相當長一段時期內，中國經濟發展方式具有粗放型經濟特徵，一些地區為了追求經濟增長不惜付出破壞環境等較大代價。為了實現新時期內的經濟增長，促進結構轉型升級，滿足人們對更高生活品質的追求，當務之急是推進供給側改革的順利進行，去產能、去庫存、去槓桿、降成本，調整產業結構，把侵害經濟軀體的疾病都給剔除掉。如一些高污染、高耗能、不符合綠色經濟要求的企業應該被關閉，一些加重企業負擔、提高經營成本的不合理收費應該降下來。

目前，中國產能過剩的行業主要有5大類：鋼鐵、煤炭、化工、建材和電解鋁。探究這5大行業產能過剩的原因，不難發現，它們與房地產庫存的增加有著高度的相關性。自1998年中國實行住房制度改革以來，居民購買住房的熱情高漲，加上大量農民工進城，形成了巨大的住房剛性需求，2008年金融危機之後，政府出拾了4萬億元的經濟刺激計劃，進一步推動了房地產行業，商品房銷售面積逐年增加（見圖6.4）。在旺盛的住房需求推動下，中國各地大量的商品房拔地而起，房地產行業迅速成為中國經濟的一大支柱產業，進而帶動了上下游鋼鐵、建材、家電等產業的快速增長。

自2010年以來，政府著手控制房價過快上漲，防止出現房地產泡沫，商品房投資需求下降，庫存開始上升。根據國家統計局的數據，2015年商品房

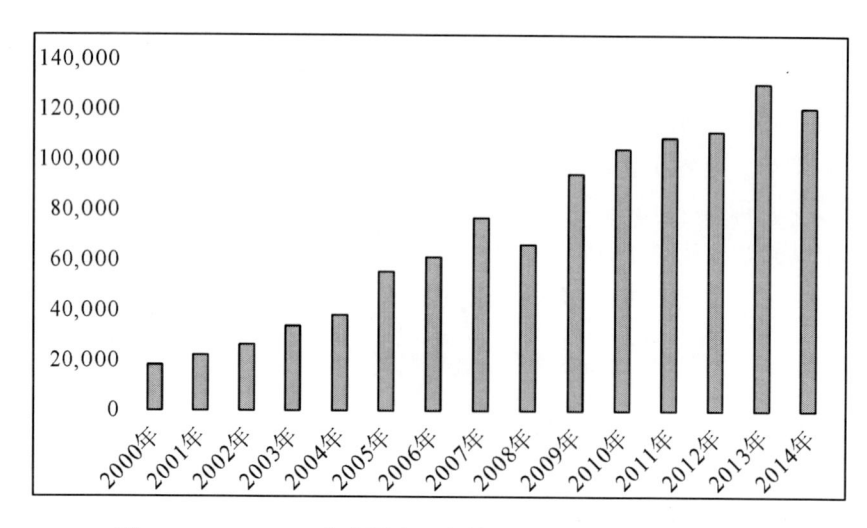

图 6.4　2000—2014 年中國商品房銷售面積（單位：萬平方米）
資料來源：中國國家統計局。

銷售面積為 128,495 萬平方米，待售面積是 71,853 萬平方米，比上年增加了 9,684 萬平方米。從圖 6.5 全國商品房待售面積中可以看出，自 2010 年起，商品房待售面積在近 5 年內快速遞增，2011—2015 年，年增長率分別為 34%、35%、26% 和 16%，這說明中國商品房庫存增加速度快。商品房賣不出去，大量累積，直接影響上游的建材和鋼鐵行業，導致這些行業庫存增加，產能過剩。

　　針對這 5 大行業的微觀企業而言，去產能就意味著停工、停產甚至企業破產倒閉，這會導致大量工人下崗，投入的資本無法收回，因此很多企業都不願主動採取去產能的措施。對政府而言，上述 5 類行業都是重資本型企業，對地方政府的增長業績、稅收收入、就業等有著重大的貢獻，因此，很難讓當地政府放棄這些企業，使其停產、倒閉。面對以上去產能、去庫存等難以順利推進等複雜問題，要堅持以下幾個重要原則。第一是尊重市場規律，發揮市場在配置資源中的作用。其實，市場競爭的優勝劣汰機制會自動地解決市場中的產能過剩問題。只要政府不干預，產能過剩企業為減低虧損定會減少產出，削減過剩產能。第二是對於國有企業，主管部門應做出科學判斷，順應市場形勢，努力推動企業兼併或重組。第三是要進行整體設計。去產能、去庫存和去槓桿是一項巨大複雜的工程，涉及多個互相關聯的行業，不能單獨地去某一個行業的產能或庫存，否則容易相互掣肘，事倍功半。

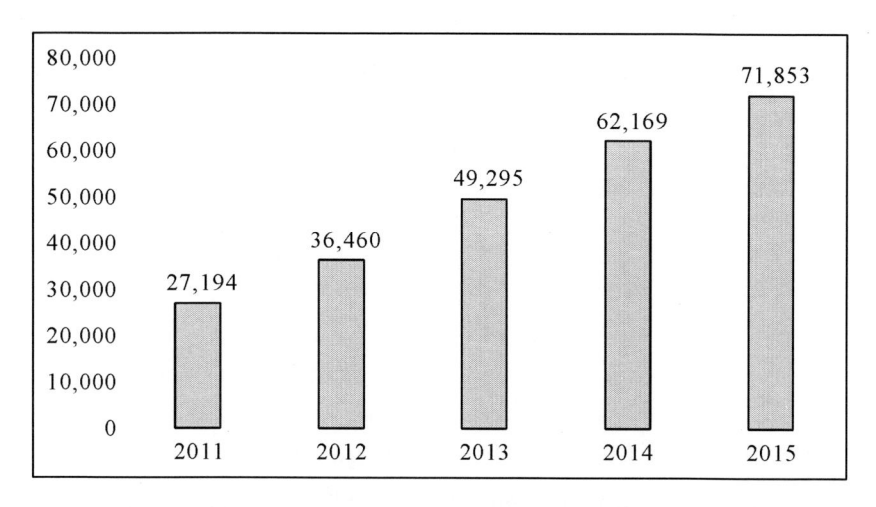

圖 6.5　2011—2015 年中國商品房待售面積（單位：萬平方米）
資料來源：中國國家統計局。

6.1.2.2　加大創新力度彌補短板

在去產能、去庫存、去槓桿和降成本的同時，要增加基礎設施、養老、醫療、教育等投入，滿足人民群眾日益增加的物質文化需求，提供有效的供給。補短板的關鍵在於加大創新提高技術進步，加大科研投入彌補技術短板，從而提高勞動生產率。

首先，要鼓勵發展科技創新。科技對主要工業國家的國民經濟增長的貢獻率超過 50%，在美國，科技對經濟增長的貢獻率更是超過 70%。而中國的科技貢獻率則不到50%。中國要提高在國際產業鏈上的競爭力，要採取多個方面的綜合措施來鼓勵科技創新，不斷提高產業的技術含量和勞動生產率，推動貿易和產業結構升級。具體措施包括：鼓勵銀行、證券等金融機構對創新性企業進行金融支持，增加其融資便利性，降低融資成本；政府對自主創新性企業給予稅收激勵，減免創新企業所得稅；引導投資流向高新技術領域，對投向高技術含量企業的 FDI 採取適當的稅收優惠，同時增加對低技術產業融資力度的約束；鼓勵企業增加研發投入經費等。

其次，加強與發達國家高端製造業的合作。發達國家的眾多企業擁有國際知名品牌和核心技術。雖然中國一些企業具備了雄厚的經濟實力和較強的吸收先進技術的能力，但在激烈的國際競爭中，亟須擁有核心技術，才能實現產品升級。核心技術主要是通過自主研發獲得的，但在合適的條件下，通過合作、購買發達國家的先進技術也不失為一條捷徑。特別是 2008 金融危機之後，西

方不少發達國家的製造業因為市場萎縮難以生存，以至於有出售自身擁有的品牌以及核心技術的動機，中國應抓住機會，結合產業升級的實際需要，選擇理想的目標企業，通過合作或購買的方式來充實自身的技術，以便躋身於國際產業鏈的高端領域。

最後，加強國內品牌建設。隨著人們生活水準的提高，人們的消費標準開始提升，更加注重品牌和質量。培育一大批國內知名品牌，是中國實體經濟能夠抵禦各種不利衝擊的保障。人們對國產品牌一直以來都有種低質、低價的印象，高端消費多選擇進口產品。中國政府應制定法律法規，從知識產權上保護企業發展品牌所需的良好環境，嚴懲假冒偽劣等侵犯知識產權的行為，規範市場環境，加強對國內產品與品牌的宣傳。同時，中國產業轉型離不開國際市場，在鼓勵企業「走出去」的同時，推廣中國品牌，多利用駐外領事館以及當地華人團體機構，定期舉辦中外企業都參與的展會，幫助外國消費者瞭解中國產品。此外，還可以借鑑聯合利華和寶潔公司等跨國企業的品牌管理戰略，以適當的代價收購當地知名品牌，以建立暢通的銷售渠道推廣國內產品。

6.1.2.3　充分利用「一帶一路」倡議帶給供給側改革的動力

「一帶一路」倡議對於中國來說是對外市場的繼續擴大，而供給側改革則是對內市場的協調。

「一帶一路」倡議為供給側改革提供了動力，無論是大型國有企業還是民營企業都應該從國家倡導的產業政策中尋找新的發展方向。供給側改革是對產業行業調整的警示，中國市場的繁榮和人民生活水準的提高需要所有企業在創新領域的共同進步。在中國，國有企業的創新能力直接影響中國經濟長期的發展表現，決定著中國經濟的發展速度，還在很大程度上影響著人民的生活水準和民營企業的發展。當國有企業的創新力有了和國際同行業頂尖企業競爭的資本時，中國消費者便不用再花費高額的費用去國外購買產品，節省了時間和金錢，同時擴大了中國的消費市場。民營企業的發展同樣依靠自身的創新力，產品有創新才會有市場，在這方面，很多民營企業已經走在了前面，如以華為為代表的信息技術企業，以阿里巴巴為代表的互聯網企業等，在研發、創新等方面都遠遠超過國有大型企業以及大型企業集團的平均水準。因此，在中國的市場中，國有企業必須加快科技創新進程，爭取站在科技進步的前沿，同時不能憑藉自身壟斷市場的地位謀求一身之私而影響到整個國民經濟體系的創新。

「一帶一路」倡議為供給側改革提供了良好的環境支持。「一帶一路」倡議將亞洲國家聯繫了起來，構造了一個以中國為中心的亞洲信息網。在信息高速發展的今天，信息在某種程度上可以產生實際的價值，通暢的信息交流是共

同進步的基礎，唯有相互分享有價值的信息，才能更好地共同發展。從全球的經濟來看，亞洲廣大發展中國家如果想避免在經濟發展的道路上被發達經濟體所鉗制，就要聯合起來謀求共同發展話語權。從這個方面來說，發展中國家的聯合是對世界現在不公正經濟體系的一種反對，也是在世界上求生存、求發展所必須經歷的過程。

「一帶一路」倡議對供給側改革的支持會滲透到社會的各個方面。「一帶一路」倡議帶來的不同國家和地區間交流對文化的發展與融合也是前所未有的。中國擁有燦爛無比的傳統文化，有迥異於西方思維的東方價值觀體系，「一帶一路」倡議和供給側改革將為中國文化的復興與傳播提供條件。文化產業的興起會帶動更多相關產業的發展，為中國軟實力的提高奠定堅實的基礎。從某種意義上來說，中國未來經濟的轉型必將更加注重文化層面的建設，比如現在的韓國。韓國文化的輸出為韓國帶來的經濟增長日益加強，我們應該學習其進步的地方。

6.2 加強周邊區域內的貨幣金融合作

在全球經濟一體化的趨勢下，中國必須加強與周邊區域的國際經濟與區域貨幣金融合作，有效地推進人民幣周邊化進程。

6.2.1 擴大人民幣互換範圍和期限

隨著國際金融危機的頻繁出現，為了規避風險，各國儲備外匯呈現出多元化的現象。貨幣互換，是成為其他國家儲備貨幣的一個捷徑。2001年12月6日，中國簽署了第一份貨幣互換協議，即與泰國銀行簽署的金額為20億美元的貨幣互換協議。從此以後，中國政府開始不斷與世界各地的央行簽訂本幣互換協議，這一方面是為了維護地區金融穩定並推動區域間的金融合作，另一方面也是為了滿足人民幣國際化進程中的客觀需求。貨幣互換屬於中國貨幣當局公開操作的一種手段，以人民幣為抵押，從別國借入一筆外匯貸款用於投資國內的實體經濟。貨幣互換有利於互換雙方規避國際金融危機風險，並且提高兩種貨幣在國際市場上的流通性，這不僅可以促進兩國間的經濟貿易和投資往來，還能為區域經濟金融穩定帶來積極影響。人民幣通過與其他國家貨幣的互換，這在一定程度上實現了人民幣國際計算、投資和外匯儲備的國際貨幣之職能。

随著中國經濟的崛起，綜合國力的提升，人民幣幣值的相對穩定，人民幣吸引了世界各國人民的目光。特別是人民幣又加入了特別提款權貨幣籃子，這將會導致世界對人民幣的需求大幅度增加。因此，在此背景下，中國應繼續擴大人民幣與其他貨幣的互換規模。貨幣互換不僅可以擴大人民幣向國外市場的合法流出，增加境外人民幣存量，還會提高人民幣在國際貿易和投資中的使用比例。

6.2.2 積極參與東亞貨幣合作

一方面，中國作為亞洲強國，以其增強的經濟實力、巨大的市場容量和消費能力以及負責任的大國形象逐漸成為區域發展中的動力源和穩定器。另一方面，中國經濟的快速發展打破了東亞地區原有的經濟平衡，「中國威脅論」悄然興起。在這種情況下，中國積極參與東亞貨幣合作，既能發揮自身對東亞地區的引擎作用，又能借東亞貨幣合作，使周邊經濟體安心，因此，中國參與東亞貨幣合作逐漸成為東亞各國的共同選擇。早在1990年，馬來西亞總理馬哈蒂爾提出組建「東亞經濟集團」的倡議時，中國就表達了積極熱情的態度。1997年「10+3」機制啟動後，中國更是積極參與了各個層次的地區合作，並建立了「以鄰為善、以鄰為伴」的外交戰略。

6.2.2.1 區域貨幣合作的必然性

隨著世界經濟一體化進程的加快，區域貨幣金融合作將成為新的潮流。在經濟、金融的發展形勢下，為避免金融動盪，各國必須加強區域貨幣金融合作。

首先，經濟一體化條件下宏觀經濟穩定與微觀經濟效率提高促使區域貨幣金融合作。在經濟全球化和金融國際化背景下，金融合作與貨幣協調是區域一體化成員國經濟與制度領域和空間的一系列功能性調整與制度性變遷的組合，它具有宏觀經濟穩定性與微觀經濟效率提高的功能。具體表現為：其一，貨幣協調意味著與匯率波動相關的低效或無效問題得以解決，區域內貨幣政策的協調或單一貨幣（交換媒介和記帳媒介）的使用，有利於交易成本的節約和宏觀經濟的穩定。其二，貨幣協調要求相關國家或經濟體經濟政策的廣泛合作與協調。經濟全球化和區域一體化決定了各國經濟相互依賴性加強，宏觀經濟政策「溢出效應」的普遍存在。協調乃至統一的貨幣政策，有助於解決逆效合作、機會主義及其搭便車行為，進而提高資源的配置效率。在區域經濟一體化合作進程中，合作形態由低級逐步向高級發展，合作領域逐步由實體經濟領域向貨幣金融領域擴展，這是一個動態的、逐步遞進的過程。隨著區域經濟一體

化的推進，區域成員國間的貿易不斷擴大，對於實施貨幣金融合作、採用共同貨幣區的需求越來越迫切。

其次，國際貨幣體系的多元化發展趨勢催化區域貨幣金融合作。在現行的國際經濟形勢下，單純以美元作為國際結算貨幣和儲備貨幣的風險較大，因為美元匯率波動頻繁且幅度加大，這對大部分儲備貨幣都是美元以及在國際結算中用美元作為主要結算貨幣的國家很不利，會導致美元儲備價值縮水和國際貿易風險劇增。對於發展中國家而言，還有可能會導致貨幣錯配風險。因此，現有的國際貨幣金融體系不足以支撐國際經濟發展的需要，改革國際貨幣金融體系迫在眉睫。在此背景下，對於區域經濟的穩定和發展而言，最好的選擇莫過於進行區域貨幣金融合作。

最後，金融危機與風險的防範要求促使區域貨幣金融合作的發生。20世紀70年代以來，世界經濟遭受的經濟波動和金融危機日益頻繁。1997年亞洲金融危機影響之大、危害之深、範圍之廣令人觸目驚心；而始發於2007年的美國次貸危機演發的國際金融危機，更是震撼全球。國際金融危機的頻頻發生使得各國的金融偏好開始由激進型轉變為穩健型，而這往往需要同一個區域內多國的金融協調合作才能實現。原因在於：一是金融危機的傳染性。區域一體化內的國家間往往擁有緊密的金融關聯和經濟貿易往來，所以當一國發生金融危機後，鄰國的宏觀經濟也會較快惡化，從而也出現危機。二是區域金融穩定的公共產品特性。這意味著，金融危機的防範和解救不僅要借助全球性國際組織的幫助，區域性的金融協調合作和制度安排有著特殊的意義。區域貨幣金融協調合作的目的是為了發展區域內經濟與金融，穩定金融秩序與金融市場，避免合作國經濟的內外失衡，抵禦對稱性與非對稱性投機衝擊，防止金融危機與金融風險的蔓延。為了達到上述目的，各國只有經過貨幣政策的國際協調合作，才能謀求長遠利益而持續穩定發展。

6.2.2.2 東亞區域貨幣合作的發展歷程及現狀

1997年亞洲金融風暴出現以後，東亞各經濟實體進一步認識到加強區域貨幣金融合作的重要性，採取了一系列嘗試性的措施，並就貨幣金融合作達成初步共識。日本政府提議建立「亞洲貨幣基金組織（AMF）」來抵禦危機。具體是由中、日、韓三國及東盟國家共同籌資1,000億美元建立共同基金，幫助遇到危機的國家擺脫困境。1998年10月，東盟各國簽訂了《理解條約》，建立東盟監督機制，旨在加強東盟集團內部的決策能力。同期，日本在「亞洲貨幣基金」的基礎上提出「新宮澤構想」計劃，建議成立總額為300億美元的財政援助計劃，其中的150億美元主要用來恢復亞洲各國的經濟，另外

150億美元滿足亞洲地區對短期資本的需求。同年12月，時任菲律賓總統埃斯特拉達在東盟首腦會議上首次提出在亞洲實行單一貨幣的構想，成為亞洲貨幣的首次動議。

進入21世紀以來，東亞區域貨幣金融合作速度加快，並取得了實質性的進展和成果。2000年5月《清邁協議》的簽署，標志著亞洲區域貨幣金融合作正式進入實質推動階段，其主要內容包括：擴大貨幣互換規模。貨幣互換機制包括兩個層次，多邊貨幣互換機制和雙邊貨幣互換機制。雙邊互換機制是東盟各經濟體與中、日、韓每兩個經濟體之間（「10+3」）簽訂的貨幣互換協議。例如，日本與韓國、泰國和馬來西亞達成雙邊互換協議，互換金額達到135億美元。根據雙邊貨幣互換協議，協定方可以在協定金額內借得國際貨幣的期限長達90天，並且可以展期7倍於90天的時限。此外，還包括建立地區性磋商機制，成立預防貨幣危機產生的監督機構，對成員國的經濟發展、金融市場等方面進行長期跟蹤監督，防止制定可能導致危機發生的政策；建立一個聯絡人員網絡促進東亞地區監督機制。2001年5月，在東盟「10+3」財政會議上達成建立東盟「10+3」早期預警系統的共識。同年11月，時任中國國務院總理的朱鎔基在第五屆東盟「10+3」首腦會議上提出在未來10年內建立中國–東盟自貿區的倡議。2002年7月，日本財務大臣鹽川正十郎在亞歐財長會議（ASEM）上為以單一貨幣為目標的亞洲貨幣體系提出議案，該議案描述了亞洲貨幣體系的模式及進程。同年10月，泰國政府在世界經濟論壇東亞經濟峰會上提出了成立「亞洲債券基金」的暢想。2003年6月，亞洲債券基金正式啟動。同年8月，東盟「10+3」金融部長會議達成建立「10+3」金融合作基金的計劃，旨在提高區域內經濟監督的效率並強化區域內經濟預警機制。2005年，第八屆「10+3」財長會議在伊斯坦布爾召開，就改善清邁倡議中的貨幣互換機制達成可操作性的共識。2007年5月，第十屆「10+3」財長會議在東京召開，會議就在東亞範圍內設立共同外匯儲備基金達成共識，目的是為了幫助解決危機國家短期資金流動困難的問題。2009年2月，在泰國召開「10+3」特別財長會議，決定將區域外匯儲備基金規模進一步擴大至1,200億美元。2009年12月28日，「10+3」財長和央行行長以及香港金融管理局總裁宣布正式簽署清邁倡議多邊化協議（CMIM），並在2010年3月24日正式生效。在2010年4月召開的第16屆東盟峰會及系列會議上，東盟「10+3」金融高官決定在2011年5月設立「東盟中日韓宏觀經濟研究辦公室」作為清邁倡議資金運用的監督管理機構，這是亞洲區域化貨幣合作的關鍵一步。2012年5月3日，第十五屆東盟與中日韓「10+3」財長和央行行長會議就區域金融安

全網建設問題進行了探討，並將清邁倡議多邊化機制下的區域外匯儲備基金規模從原來的 1,200 億美元增加到 2,400 億美元，提高與 IMF 貸款規劃的「不掛勾比例」。2013 年，第十六屆「10+3」財長和央行行長會議在印度德里舉行，會議審議通過了將「10+3」宏觀經濟研究辦公室（AMRO）升級為國際組織的協議草案，繼續加強 AMRO 的機構能力，使其切實履行經濟監測職能。其具體協議於 2014 年 10 月完成簽署。2015 年 12 月 31 日，東盟共同體正式成立。2016 年，第十九屆東盟與中日韓「10+3」財長和央行行長會議同意當年啟動五年一次的清邁倡議多邊化協議定期評估，並探討 CMIM 融入全球金融安全網有關問題。

6.2.2.3 積極參與東亞貨幣合作的措施

積極參與東亞貨幣合作，是推動人民幣走出去的一條有效途徑。同時，中國參與東亞貨幣合作可以推動國內的金融改革，增強金融體系的穩健性。首先，中國參與東亞貨幣合作可以減少匯率波動風險。為維持區域內各成員國間貿易和投資的穩定發展，各成員國會進行匯率制度的協調與合作，維持匯率的相對穩定。其次，中國參與東亞貨幣合作可以降低金融風險發生的可能性。最後，降低通貨膨脹和利率水準，促進經濟穩步增長。因此，作為東亞最大的發展中國家，中國不僅應該繼續參與東亞合作，還應採取積極有效的對策推動東亞貨幣合作的發展進程。

（1）積極倡導「東亞共識」

「聯合才有出路」合作理念是區域貨幣合作的重要前提。正是在這種理念下，第二次世界大戰後，西歐各國摒棄前嫌，在不斷克服各種障礙的道路上謀求合作，最終建立了貨幣聯盟。在東亞，1997 年金融危機過後，各國也普遍意識到需要聯合起來共同防禦和抵抗金融危機，進而形成「東亞共識」。但是與歐盟的合作理念相比，東亞的合作意識具有短期性。在危機期間和危機剛過期間，東亞各國的合作意識非常強烈，但隨著時間的推移和彼此間利益分歧的增多，合作的進程則開始放緩。當然，這與東亞地區經濟發展水準、政治體制、歷史文化、宗教信仰的不同相關，但不可否認的是，這種合作意識的不穩定已經很大程度上影響了東亞合作的進程。

中國作為地區性大國，應充分發揮大國的影響力，通過官方對話、會晤、協商等機制以及民間交流等方式，積極倡導東亞共識。在面對東亞地區不同的利益取向問題時，中國應宣傳歐洲當年所秉持的「合則兩利、分則各敗」的信念。東亞地區既有經濟高速增長的國家，也有世界上相對落後的國家，但彼此之間休戚相關，一榮俱榮、一損俱損。只有求同存異，謀求互利共贏才能維

護東亞地區匯率的穩定和金融安全。雖然當前東亞合作受到各種現實條件的限制，但只要東亞有共同的理念，共同尋求合作，設計一個有效、符合東亞地區情況、有東亞特色的貨幣合作方案，促進東亞貨幣一體化還是很有前景的。

(2) 積極參與建設東亞貨幣合作模式

東亞地區各經濟體之間在經濟發展水準、歷史文化、宗教信仰以及意識形態方面差異巨大，這決定了東亞貨幣合作不可能完全複製歐元的成功之路。東亞地區應結合自己的實際情況，有所揚棄地借鑑歐洲經驗，設計出一種適合自身特點的貨幣合作模式。

對於東亞貨幣合作的路徑選擇問題，目前學術界主要有兩種觀點：一是主張東亞貨幣合作效仿歐洲，從起點較低、爭議較少、各經濟體都關心的經濟領域入手，在此基礎上再循環漸進地向其他領域發展，最後實現經濟貨幣聯盟乃至政治聯盟的目標。二是主張一開始就尋求很多的區域共識，在政治、經濟、安全、文化等各個領域廣泛開展協調與合作，以便形成一個全方位的區域合作網絡。對此，本書認為第二種觀點會使區域有限額資源更加分散，各種領域合作齊頭並進，會影響各經濟體合作的深度，不利於區域意識的形成與深化。因此，在東亞貨幣合作的路徑上，本書認為還是應該借鑑歐洲經驗，從難度小、層次低的經濟領域入手，再逐步向難度大、複雜的領域延伸，一步一個腳印，循環漸進，從低到高以此推進。

從整體上看，東亞地區並不滿足最優貨幣區理論的要求，但是在某些次區域，還是比較滿足構建最優貨幣區的標準。在1999年，就有學者提出東亞應該首先在臺灣、日本、韓國和中國香港、印度尼西亞、馬來西亞、新加坡兩個次區域先形成各自的貨幣區[1]。還有學者們主張首先在中國大陸、港、澳、臺之間和東盟以及日韓之間分別形成中華經濟圈、東盟經濟區和日韓經濟區。雖然，目前就哪些次區域先開展貨幣合作尚未達成共識，但有一點是肯定的，那就是東亞貨幣一體化的路徑將表現為在較為成熟的次區域先組建貨幣區，再逐漸過渡到整個東亞區域。

(3) 協調中日在貨幣領域的合作

目前，東亞貨幣合作更多的是以東盟作為區域合作的倡導者、發起者和主導者，由於東盟成員國大多為發展中國家，很難在東亞貨幣合作中發揮軸心國家的作用，因此，東亞貨幣合作取決於中日兩國的態度。中日兩國是東亞最大

---

[1] BAYOUMI E. Is Asin an Optimum Currency Area? Can it Become One? Reginal, Global and Historical Perspecctives on Asian Monetary Relations [EB/OL] (1999-11-12). http://www.ideas.com.

的兩個經濟體，缺少其中一個的參與和支持，都對東亞貨幣合作有著巨大的影響。

若是中日兩國能共同致力於兩國關係的改善，共同推動東亞貨幣合作，那麼兩國都將從中獲利。首先，從經濟上來看，中日之間的貿易互補性很強，若是中日關係改善，必會促進兩國的經濟發展。其次，在政治方面，若是日本能做到正視歷史，有利於改變其長期「經濟巨人、政治侏儒」的窘境。最後，東亞貨幣金融合作能大大促進人民幣和日元在亞洲乃至世界的流通和使用，從而加大兩國貨幣區域化和國際化的進程。

若是中國積極謀取合作，而日本不願承認歷史問題，沒有誠意推動貨幣合作，這對雙方都沒有益處。政治與經濟關係是相互聯繫的，政治上的友好必會促進經濟上的往來，反之，則會對兩國經濟上的合作起到阻礙作用。若是日本不願正視歷史，兩國間的經濟往來必會受到影響，這對日本的衝擊會更明顯，因為日本對中國的經貿依賴性更強。日本不願正視歷史不僅會損害其經濟發展，還會影響其與韓國的關係以及其在亞洲的威信和地位。總之，這一結果不利於東亞貨幣合作的開展，中日雙方都會因此受損。

當前，對中國來說最有利的情況是與日本一同推進東亞貨幣合作。日本的情形與此相似，最好與中國一道成為東亞貨幣合作的軸心國。這就需要雙方增加互信和瞭解，促進雙方關係的改善，快速推動東亞貨幣合作。

目前，東亞貨幣合作還處於比較鬆散的初級階段，因此東亞各國應積極推進貨幣金融合作，共同提高經濟發展水準，縮小區域間各國的經濟水準差距，建立貨幣金融合作的政治基礎。在此過程中，中國作為一個經濟大國，需要承擔的責任和任務更多，因此中國更應積極參與東亞區域內的經濟金融合作，推動合作的深入，奠定人民幣在區域內主導貨幣的地位，促進人民幣的廣泛流通和使用，為人民幣的周邊化創造良好的外在環境。

6.3　推進香港人民幣離岸金融中心建設

人民幣離岸金融中心對人民幣國際化具有重要的支撐作用，對人民幣周邊化更是有著不可估量的積極影響。隨著中國整體經濟實力的增強和人民幣國際地位的提高，人民幣離岸金融中心建設問題受到越來越多人的關注，而香港是人民幣離岸金融中心的首選。在國際經濟高速發展的新形勢下，該如何保持並提升香港國際金融中心的地位，引來各方的關注和討論，若在香港建立人民幣

離岸金融中心將能夠帶動香港整體經濟的發展，進一步鞏固和提升香港國際金融中心的地位。

6.3.1 離岸金融中心概述

離岸金融市場，也稱作離岸金融中心，或者新型國際金融市場，是指在高度自由化和高度國際化的金融管理體制和優惠的稅收制度下，在一國金融體系之外，由非居民參與的進行資金融通的市場[①]。離岸金融相對傳統的在岸金融市場具有許多特殊性：一是離岸金融業務以非居民金融交易為主體；二是離岸金融業務中使用的主要是境外貨幣，資金來源主要為國外資本，資金的運用主體為國外籌資者；三是市場經營主要遵循國際準則，不受貨幣發行國與業務開展所在國的法規限制。總體來說，任何國家或地區，只要以外幣作為交易標的貨幣，並且交易在非居民之間開展，且市場中的此類資金交易不受當局金融法規管制，則這樣的市場就可稱為離岸金融市場。

依據不同的標準，可以將離岸金融中心劃分為不同的類型，從職能角度可將離岸金融市場分為四大類型，這也是金融界對離岸市場最普遍的分類，即內外一體型、內外分離型、滲透型和避稅港型。內外一體型模式下的離岸金融業務和在岸金融業務不分離，資金可以自由出入境，目的在於發揮離岸和在岸市場上資金與業務的互補以及促進作用，這一類型的離岸金融中心主要代表有倫敦和中國香港。內外分離型與內外一體型正好相反，它將離岸業務和國內在岸業務嚴格分離開，它要求進入離岸金融市場的金融機構必須開設離岸業務專門帳戶，離岸業務必須在設立的專門帳戶內進行。這一模式以美國的國際銀行設施和日本離岸金融市場為代表。滲透型則是介於這兩者之間的一種形態，它以內外分離為基礎，政府在有限的範圍內允許內外金融業務混合，這種模式的離岸金融市場可以在維護國內市場穩定的前提下，快速穩定地利用外資，新加坡的亞洲貨幣單位（ACU）就是這種類型的離岸金融中心。避稅港型主要設置在一些島國，其特點是在不需要納稅的某個城市虛設一個金融機構，在其帳戶上處理對外交易，而不進行實際資金交易；這一類型的離岸市場只起著記帳中心的作用，典型的有巴拿馬、開曼群島離岸金融市場。

20世紀50年代至60年代，各國政府為加強對貨幣政策的控制，紛紛對本國金融業實行嚴格、廣泛的管制。這導致許多國內金融機構、跨國公司紛紛將

---

① 巴曙松，郭雲釗. 離岸金融市場發展研究——國際趨勢與中國路徑 [M]. 北京：北京大學出版社，2008.

金融業務轉移到政策環境寬鬆的其他地區，逐漸形成「離岸市場」。在離岸市場形成初期，離岸交易主要集中於倫敦等幾個歐洲城市，所以這一市場又稱「歐洲市場」。其他國家也意識到離岸金融中心給本國帶來的經濟效益，都主動建立本國的離岸中心或提供「準離岸」金融服務。而離岸中心不需要本國擁有強大的經濟實力或資本淨出口，因此 20 世紀 70 年代以來，許多發展中國家也加入這一行列，典型的代表如新加坡。新加坡政府利用其有利的地理環境，以低稅收等優惠條件吸引外資銀行落戶，有意識地扶植國際金融業務的發展。亞洲美元市場及亞洲美元債券市場逐步形成。進入 20 世紀 80 年代，新加坡已成為亞洲的主要國際金融中心。1997 年東南亞金融危機之後，為進一步鞏固和發展新加坡作為國際金融中心的地位，新加坡政府通過加強金融中心的基礎設施建設、加大金融業開放力度、促進稅收優惠政策、推進金融法制環境建設等措施，有力地促進了新加坡國際金融中心建設，並使其競爭力穩步提升。

6.3.2 建設香港人民幣離岸金融中心的意義

在世界經濟一體化背景下，各國、各地區在貨幣、資本以及貨幣政策等方面相互影響、相互融合，金融全球化是世界經濟發展過程中一個難以逆轉的趨勢。中國要想在此浪潮中取得主動權，可以通過人民幣國際化來實現。一國貨幣的國際化離不開離岸市場的支持。美元國際化是隨著美國銀行海外業務的擴展以及歐洲美元市場的發展逐步實現的。英鎊的國際化也是遵循了同樣的發展路徑。這些歷史經驗表明，離岸中心的建設會推動一國貨幣國際化的實現。因此，中國也應該積極地著手建立人民幣離岸中心。

香港作為國際金融中心，有著成為人民幣離岸中心的絕佳條件。首先，香港擁有獨特的地理位置和成熟規範的市場運行機制，且擁有天然深水港口，地理位置優越，是全球及亞洲貿易路線的中心點，又是通往中國內地的要道。香港市場經濟發達，市場經濟體制完善，又與內地有著特殊的政治聯繫，使香港成為內地境外人民幣最理想的離岸業務市場。其次，香港是境外人民幣的重要集散地。中國內地是香港的第一大貿易夥伴，香港則是中國內地境外投資的主要來源地。與此同時，內地還是香港旅遊市場的最大客源，大量的內地遊客拉動了香港經濟的繁榮發展。隨著內地與香港之間貿易、投資和旅遊等各種經濟文化活動的擴大，香港成為人民幣重要的境外集散中心，為香港人民幣離岸業務的開展提供了資金支持。再次，香港作為國際金融中心，經過多年的發展，儲備大量的金融人才，在金融基礎設施和相關制度建設方面有著成功的經驗，

為人民幣離岸業務的順利開展提供了有利條件。香港擁有世界上最發達的電信系統，可以與 50 多個國家進行直接的通信聯繫和網上金融交易。香港還凝聚了眾多實力雄厚的銀行結構，幾乎所有的跨國銀行在香港都有分支機構。同時，香港的支付結算系統也很發達，為世界主要貨幣之間的兌換與金融交易提供同步收付服務。在金融市場制度建設方面，香港市場法律制度完善，法制體系透明度高，市場運行效率高，這一切為投資者的金融交易提供了安全保障。最後，香港金融中心人民幣業務發展迅速，已取得了一定發展。

就中國目前情況而言，在香港建立人民幣離岸金融中心，不僅對中國內地有積極作用，對香港本身也是一個絕好的發展機會，因此有著「雙贏」的前景。香港人民幣離岸中心不僅有利於人民幣國際化，還有利於形成一個完全市場化的人民幣利率指標，能較好地反應商業風險，可以為內地人民幣利率形成提供有效的參考。此外，把香港培育成人民幣離岸金融中心後，還便於監管部門掌控人民幣在境外的流通規模，因為國家金融監管部門可以將境外流通的人民幣、香港地區地下流通的人民幣等都納入正規銀行體系，從而使得中國監管部門對人民幣境外流通的監管變得更加有效。這在一定程度上也有利於打擊非法的人民幣地下交易和投機分子進行的洗錢活動。對於香港而言，建設香港人民幣離岸中心能為其增添獨特優勢，鞏固和提升香港現有的國際金融中心地位，帶動香港經濟繁榮發展。

6.3.3　進一步發展香港人民幣離岸金融中心

人民幣國際化進程啟動以來，香港人民幣離岸市場發展成績良好。第一，人民幣跨境貿易結算規模迅速增長。2015 年，香港地區共辦理了人民幣結算 2,581.9 億元。第二，人民幣存款額較大。由於跨境貿易規模的迅速增加及持續存在的貿易順差，逐漸形成了離岸人民幣存款市場。第三，人民幣債券市場加速發展。據香港金管局數據顯示，2014 年，香港地區累計發行 1,795 億元人民幣點心債，同比增長超過 100%。

在未來的時間段內，應進一步完善香港人民幣離岸市場。第一，豐富以人民幣計價的金融產品類型。目前香港人民幣離岸市場需要加快離岸人民幣業務創新，豐富金融產品類型和服務體系，增加對境外人民幣持有者的吸引力，形成一個依靠市場力量自行運轉的人民幣循環機制。第二，繼續深化香港人民幣離岸市場中人民幣債券市場建設。目前香港人民幣債券市場需要擴大人民幣債券主體的投資規模。因此可放寬境內機構赴港發行債券的條件，允許並鼓勵境內有較大需求的金融機構、中小企業等在香港發行人民幣債券，使所籌集的資

金用於內地業務。同時也拓展世界範圍内投資者來源，允許世界各地的人民幣持有者在港設立人民幣帳戶，投資人民幣債券。第三，為香港人民幣離岸市場的發展提供必要的人民幣支持。目前離岸人民幣市場資金池呈現緩慢增長趨勢，因此可考慮擴大中國内地與香港地區的人民幣互換，支持人民幣業務發展。第四，借鑑發達國家的經驗完善離岸市場的法律法規建設。首先，加強離岸市場的准入管理。對進入人民幣離岸市場的投資者和金融機構進行嚴格審核。其次，加大對開展人民幣業務的金融機構的監管力度。掌握金融機構的資金來源、用途等信息。第五，加快在岸金融市場改革的腳步。目前，在岸人民幣市場利率、匯率尚未完全市場化，而離岸市場是按照開放性的市場化原則運行的，人民幣利率與匯率是由市場決定。離岸市場上形成的人民幣利率與匯率會對在岸市場產生一定程度的衝擊，某種程度上會倒逼在岸金融市場的改革。

在完善離岸市場發展的同時，還應處理好離岸市場與在岸市場的協調發展。國際經驗表明，貨幣離岸市場和在岸市場對一國的貨幣國際化有著同樣的重要意義。一方面，開放度高和管制較少的離岸市場能為貨幣提供境外存放和流通場所，以便該貨幣在國際範圍内的流通；另一方面，在岸市場能為離岸市場源源不斷的本幣需求提供正常的流出渠道。

離岸市場需與在岸市場協調發展。這是因為，如果離岸市場高度發達，而沒有發達的國内市場和與之相匹配的金融服務，將會導致本幣定價過分依賴境外市場，這不僅將增加央行宏觀調控的難度，而且還會因為境外金融市場的發達，從而部分甚至全部替代本應由國内金融市場提供的金融服務，導致國内金融市場對本幣的資源配置能力下降，長此下去，國内金融市場可能會出現空心化現象，這將對國内的金融體系安全形成威脅，因此，中國在把香港打造成人民幣離岸金融中心的同時，要協調其與國内金融市場的共同發展。目前，在境内外金融市場培育方面，中國選擇香港和上海作為人民幣離岸市場和在岸市場，並得到初步發展。

如何處理好離岸市場和在岸市場的協調發展，這是任何一種貨幣在國際化進程中都會遇到的問題。由於本幣的離岸市場和在岸市場在政策環境、產品業務等方面存在著開放程度不同的問題，對於政策制定者而言，最簡單的方法莫過於制定兩套不同的政策分別用來管制離岸市場和在岸市場。但歷史實踐證明，這種人為的分割化管理並不利於貨幣國際化的順利推進。這就需要通過改革國内金融市場，加大在岸市場與離岸市場之間的聯繫，從而推進人民幣國際化的正常發展。以日元為例，日元沒能成功完成國際化的一個重要原因就是對國内金融市場進行各種隔離，使國内市場與離岸市場不能協調發展。20世紀

80年代，日元借助東京離岸金融中心的建設推動日元國際化，當時日本政府為了避免國內經濟和金融受到國際金融市場波動的影響，對國內金融市場設置各種限制進行隔離保護，在這種政策引導下，日本金融機構和企業只能廣泛地開拓海外市場，使國內金融市場出現嚴重的「空心化」，而與實體經濟密切相關的企業債、金融債融資比例大幅度下降，使日本的實體經濟受損。雖然東京離岸金融中心有利於日元的海外流動，但是大部分外流的日元又通過日本海外銀行分支行流回國內，以滿足日本企業的資金需求。在這種背景下，大量流往海外的日元並沒能廣泛地在國際上流通和使用。從日元國際化失敗的教訓中可以看出，如果不能處理好離岸市場和在岸市場的關係，就難以實現真正的國際化。

總的來說，香港人民幣離岸中心作為人民幣國際化的重要戰略之一，會積極推進人民幣國際化的進程，但是它帶來機遇的同時也有風險。中國在進一步推進人民幣離岸市場建設的同時，應認真積極解決其中的風險與問題，做到化風險為機遇，統籌在岸金融市場和離岸市場的協調發展，建立人民幣走出去、回得來的循環機制，促進人民幣在周邊區域乃至全世界的廣泛流通與使用。

6.4 繼續推進中國金融市場改革

中國目前的金融市場不足以為人民幣國際化的進一步發展提供充足的動力，因此必須深化中國金融體制改革，完善金融體系，提高中國金融市場的市場化程度。現在中國正處在金融體制改革的過渡階段，即從一個相對封閉的金融系統走向開放金融體系。其中，迫切需要解決的問題是利率市場化改革和逐步實現資本帳戶開放。

6.4.1 加快利率市場化改革

利率市場化關係到社會資金的配置，是中國金融體制改革的核心問題。從理論上講，利率作為貨幣的價格，應該與其他商品一樣由市場來決定，但是貨幣作為一種特殊商品，其價格是由市場還是政府來定，在不同的發展階段又有不同的選擇。

6.4.1.1 中國利率市場化改革進程與成效

中國利率市場化改革在1993年被明確提出，1996年起正式開始進行，到目前已有20多年的發展歷程。中國的利率市場化改革是審慎的、漸進的，因

為改革過程是由政府主導的，改革進程取決於政府的各項經濟指標完成情況。具體而言，中國利率市場化改革主要包含以下幾個方面：

首先，存款利率、貸款利率和外幣利率方面。因為要推進產業發展，中國的貸款利率都比較低。貸款利率上限和下限分別在 2004 年和 2013 年被取消，金融機構貸款利率全面放開，貸款利率水準根據金融市場內貸款的供給情況而定。在存款利率方面，中國對存款利率市場化改革比較謹慎，因為稍有不慎會引起惡性競爭。2012 年 6 月 8 日，央行允許金融機構的存款利率可以上下浮動，上限設置為基準利率的 1.1 倍，這一上限在 2014 年 11 月 21 再次上調變為基準利率的 1.2 倍。2015 年 10 月 23 日，商業銀行和農村合作金融機構不再有利率上限的限制，這意味著存款利率可根據存款情況由金融市場自主決定。最後，在外幣利率方面，中國對外幣利率的管理較為寬鬆。自 2000 年 9 月 21 日起，就正式開放了各商業銀行外幣貸款利率和大額外幣（300 萬美元或等值其他貨幣）存款利率，由各行自行決定利率水準。

其次，完善基準利率形成和調控體系。如何發揮市場在基準利率形成體系中的決定性作用是利率市場化的內容。銀行間同業拆借市場利率放開是利率市場化的重要步驟。從 2007 年 1 月 4 日，上海銀行間拆借利率（Shibor）正式上線，至今，銀行間拆借利率已成為貨幣市場基準利率的重要參考標準，也為銀行內部定價機制提供了準備。

總體來看，多年的改革使中國市場基準利率決定體系得以初步建立。商業銀行自主定價能力的提高和完全市場化的存貸款利率成為中國利率市場化取得的成果的重要表現。利率市場化是一項龐大的工作，需要其他部門以及金融機構的積極配合，需要建立與利率市場化相適應的調控機制，進而提高市場利率的有效性。在此過程中，中央銀行一方面應積極構建和完善央行政策利率體系，以便引導和調控市場的基準利率；另一方面，央行要理順利率的傳導機制，即貨幣市場、債券市場、信貸市場之間的利率是如何傳導的。

6.4.1.2 利率市場化的障礙及完善措施

任何一項改革都不可避免地面臨著來自方方面面的難點與阻力，如何合理化解這些難點和阻力，是一項改革能否最終成功的關鍵所在。在利率市場化的推進過程中，中國同樣碰到了許多影響改革進程的障礙，例如，經濟主體行為不規範以及市場機制有限。首先，作為資金提供者的商業銀行，往往以政府部門的形象出現，缺乏市場競爭力，再加上長期以來的產權不明晰，治理機制不完善，導致其效率較低。其次，作為資金需求者的企業，國有企業容易獲得貸款，因為其可獲得政府部門的隱形擔保，所以國有企業對利率變化不敏感。對

於民營企業，雖然其市場化程度高，但是規模小，所以利率的變化對其影響也不大。中國作為高儲蓄大國，即使存款利率再低，大多數還是會選擇儲蓄，所以，個人對利率的敏感性也比較低。經濟主體對利率變化反應遲鈍，導致利率市場化市場基礎薄弱。即使國家放開管制，市場也不能自主地形成最有效的利率水準。

中國利率市場化改革可以通過以下幾個方面的工作漸進式進行：

在宏觀層面。首先，增加央行與貨幣市場基準利率的聯繫。央行定期調整基準利率的時候，可以選擇貨幣市場基準利率體系中最短期的基準利率作為目標利率，比如隔夜利率，同時利用公開市場操作等貨幣政策工具進行微調。其次，完善金融監管體系。此外，金融機構還需要通過加強外部監督機制改善信息披露制度。

從微觀方面來看，應加強金融市場和金融產品建設。首先，市場交易主體增加使金融市場更加完備。商業銀行和非銀行機構是金融市場的重要交易主體，前者作為資金盈餘方，後者作為資金短缺方，積極鼓勵非銀行機構參與市場，有利於活躍交易市場，同時完善貨幣市場利率定價機制。因此，應積極鼓勵符合一定資質的基金公司、保險公司、租賃公司參與一級貨幣市場交易。其次，積極建設各類金融市場，比如票據市場和債券市場。中國票據市場發展滯後，建設全國統一的票據市場有利於企業銀行進行短期資金融通。中國目前債券市場以國債為主，建設中國債券市場，須以銀行債券為核心，積極擴大地方政府債券、企業債券發行規模。最後，豐富金融交易品種。金融交易品種的創新為金融交易提供多種工具，使金融市場更加活躍。例如貨幣市場發行的短期商業票據或增加銀行承兌票據發行量；在衍生品市場上大力發展股指期貨、利率互換、外匯期貨等產品。

6.4.2 逐步實現資本帳戶開放

中國一直致力於推進資本項目可兌換，並將其作為經濟體制改革的重要組成部分。1978年中國改革開放，實行出口和利用外資為主的對外開放模式，但外匯管理一直很嚴格。作為利用外資政策的配套，資本項目實行有限的開放，而且主要是針對外商直接投資。同時，嘗試拓展其他國際融資渠道，包括發行境內上市外資股和境外上市外資股，對外借款和發行債券實行計劃管理。1996年，人民幣實現經常項目可兌換，資本項目開放被提上日程，但東亞金融危機使開放進程受阻。2002年，資本項目開放再次啟動，2005年，人民幣匯率形成機制改革後重新提速，資本項目可兌換取得顯著進展。2009年，人

民幣國際化進程啟動，建立人民幣離岸市場，跨境資本流動更為便利，資本項目可兌換程度進一步提升。易綱（2015）認為，中國直接投資可兌換達到新高度，實現基本可兌換。

6.4.2.1 實現人民幣資本項目可兌換的必然性

中國於 2001 年 12 月 11 日正式成為世界貿易組織成員，作為 WTO 成員方，中國並不承擔人民幣資本項目開放的義務。隨著入世五年過渡期的結束，中國的金融服務貿易領域也開始逐漸對外開放，雖然這並不意味著必須開放資本帳戶，但是二者之間聯繫緊密，前者的步伐會在很大程度上會影響後者進程。作為金融帳戶的重要組成部分，金融服務貿易的開放將引起資本的國際移動。根據 WTO 的規則，世貿成員不得對任何資本交易設置與具體交易承諾不一致的限制，即成員方做出了市場准入承諾，資本的國際流動是該項交易的組成部分，該成員有義務允許該資本的國際自由流動。

實現人民幣資本項目可兌換是順利推進人民幣國際化的必要條件和核心內容，也是其得以實現的基礎。如果人民幣不能實現完全自由兌換，就可能會影響人民幣持有者的便利性與流動性，使人民幣成了一種高風險貨幣，從而降低對人民幣的需求，不可避免地影響人民幣國際化、區域化的進程。另外，人民幣不能自由兌換會影響境外人民幣的回流，從而造成境內外兩個分離的人民幣市場，不僅對人民幣的流通與定價造成不利影響，也對中國的貨幣政策的有效性造成極大的影響。如果人民幣自由兌換存在障礙或資本帳戶沒有實現完全開放，人民幣的跨國流通就會出現各種阻礙性因素，從而對人民幣國際化進程產生嚴重影響。

6.4.2.2 中國資本項目可兌換情況及發展方向

IMF 將資本項目交易分為 7 大類，11 項和 40 個小項。2013 年，國家外匯管理局按照可兌換、基本可兌換、部分可兌換和不可兌換四類對中國資本項目 40 小項的可兌換程度進行評估，結果顯示完全可兌換資本項目有 7 項、基本可兌換的有 8 項、部分可兌換有 19 項、不可兌換的僅有 6 項。從總體上看，中國資本項目實現部分可兌換以上的項目占全部交易項目的 85%[1]。這說明中國的資本帳戶可兌換已取得了豐碩的成績。但是與世界主要資本主義國家相比，中國的資本帳戶可兌換程度還存在一定的差距（見表 6.1）。從中可以看出，中國只在商業信貸這一項不存在管制，在其他項或多或少都存在管制，這就要求中國要進一步有序推進資本帳戶的開放。

---

[1] 孫魯軍. 有序實現人民幣資本項目可兌換 [J]. 當代金融家，2016（1）：34-36.

一是深化資本項目外匯管理改革，轉變管理方式。2013 年以來，中國外匯管理局為推進資本項目便利化，積極推進簡政放權，並取消一些不必要的管理環節，簡化審核程序，提高辦事效率。在未來進一步深化資本項目管理時，需要進一步簡政放權，降低管理成本。

二是健全跨境資金流動統計監測體系，並按照「公開原則、不公開是例外」的標準不斷提高統計數據透明度。

三是防範資本帳戶開放帶來的風險。在資本帳戶有序開放的過程中，有一些子項目具有較高風險，這就要求在逐步開放資本項目的過程中，對這些項目進行適當的控制，避免造成短期資本的大量流入以及恐慌性外逃。短期資本的大進大出會對中國的經濟金融產生較大的衝擊，擾亂中國的經濟金融秩序。

四是完善資本項目開放的相關法律。推進資本項目可兌換進程需要相關法律法規的保障。而目前中國的相關法律法規問題突出。這表現在缺乏系統性的法律條文，大部分是臨時性的規章制度。只有完善了相關的法律制度，才能營造一個較為安全的經濟金融環境。

表 6.1　　　　　　　　世界主要國家資本帳戶可兌換程度

	美國	日本	中國	英國	法國	德國	俄羅斯
對資本市場證券交易的管制	★	★	★	★	★	★	★
對衍生工具和其他交易工具的管制	★	無管制	★	無管制	無管制	★	無管制
對商業信貸的管制	無管制	無管制	無管制	無管制	無管制	無管制	無管制
對金融信貸的管制	無管制	無管制	★	無管制	無管制	★	無管制
對擔保、保證和備用融資工具的管制	★	無管制	★	無管制	無管制	無管制	無管制
對直接投資的管制	★	★	★	★	★	★	★
對直接投資清盤的管制	無管制	無管制	★	無管制	無管制	無管制	無管制
對不動產交易的管制	★	無管制	★	★	無管制	★	無管制
對個人資本流動的管制	無管制	無管制	★	無管制	無管制	無管制	無管制

註：★代表執行與本國匯率體系特徵相對應的管理制度。

資料來源：IMF，*Annual Report to Exchange Arrangements and Exchange Restrictions*，2014。

7 結論與展望

改革開放以來，中國經濟高速發展，並成為世界上第二大經濟體，人民幣的國際化問題也越來越受到人們的關注。本書在此背景下，研究了人民幣周邊化，檢驗人民幣在周邊國家和地區能否執行國際貨幣的職能。

本書對人民幣周邊化的研究，其實是研究人民幣在一個「小世界」內的國際化問題。目前，關於人民幣周邊化的研究，多是與人民幣區域化研究混合在一起，並沒有專門針對周邊化的研究。本書認為人民幣周邊化與區域化並不是完全一樣的，人民幣周邊化是區域化的一個特例，即研究中國周邊區域範圍內的人民幣區域化。中國的鄰國對中國有著重要的影響，「唇亡齒寒」的道理自古就有，中國經濟的迅速發展，對這些周邊鄰國的影響最為直接，人民幣國際化的推進，必然是先在這些周邊國家內實現，本書以此為出發點，考察人民幣在周邊國家和地區的國際化的情況。

本書的主要內容可分為三大部分：

第一部分，包括第一章和第二章，即緒論和基礎理論介紹。本部分闡明了本書的選題背景及研究意義，相關文獻綜述，本書所用的研究方法，本書可能存在的創新點、存在的不足和三個基礎理論。

第二部分包括第三章、第四章和第五章。這一部分是本書的核心內容，分析人民幣周邊化的動力機制、現狀以及抑制因素。

首先，人民幣周邊化的動力機制。第一，中國強大的經濟實力為人民幣周邊化的實現提供了強有力的支持。中國作為世界第二大經濟體，經濟增長速度長期維持在一個較高水準上並且波動不大，這使中國經濟可以在亞洲區域內充當穩定器的作用。而人民幣幣值不論是對內還是對外都很穩定，這將增加周邊國家居民持有人民幣的動機，增大人民幣在國際市場上的名譽和地位。中國長期的對外貿易順差和充足的外匯儲備推動了人民幣在國際上的流通以及能維持外匯市場和人民幣匯率的穩定。第二，中國與周邊經濟聯繫較大。2014年，中國大陸是周邊8個國家和地區的第一大出口目的地，是周邊19個國家和地

區的第一大進口來源地，通過計算中國內地與周邊經濟體近五年的貿易強度指數發現，只有阿富汗與中國的貿易強度小於1，其他所有的國家和地區與中國的貿易強度指數都大於1，這說明中國內地與周邊國家和地區的貿易關係是比較密切的。在投資方面，中國內地在亞洲46個國家和地區設立了近1.7萬家境外企業，主要分佈在中國香港、新加坡等周邊國家和地區。此外，中國與周邊經濟體的自貿區建設也反應了中國與周邊經濟體的聯繫。目前，中國已與東盟、新加坡、巴基斯坦、韓國簽訂了自由貿易協定，正在談判的自貿區有中日韓自貿區、《區域全面經濟合作夥伴關係協定》和中國與巴基斯坦自貿協定第二階段談判。同時，還正在研究中國與印度建立自由貿易區的可能性。第三，人民幣離岸市場的迅速發展。離岸市場是一國貨幣國際化的重要支撐條件。近幾年來，人民幣離岸市場迅速發展，為人民幣境外流通提供了條件。香港人民幣離岸市場是中國目前資金池規模最大的人民幣離岸市場。截止到2016年1月，香港地區經營人民幣業務的認可機構數目達145家，人民幣在香港的存款總額高達8,521億元，2015年全年累計人民幣結算68,331億元。第四，「一帶一路」建設和亞投行的建立。「一帶一路」建設不僅為國內沿途省份的發展提供了良機，更是人民幣「走出去」戰略的重要平臺；它不僅使「人民幣投資與貿易圈」不斷擴大，更有利於中國輸出人民幣資本，推進人民幣貿易結算功能，增加沿途國家對人民幣的依存度和需求，使人民幣發揮計價結算、投資儲備的國際貨幣職能。亞投行的成立也將助推人民幣周邊化和國際化的實現。因為亞投行將為中國經濟增長提供助力，有助於形成以人民幣為核心的融資機制，使人民幣對外貸款和對外投資發揮更大的作用。

其次，人民幣周邊化現狀。本書從人民幣在周邊區域內執行國際貨幣職能情況進行分析，分別介紹了人民幣在周邊區域內跨境貿易結算、金融交易、人民幣的錨地位變化和人民幣作為儲備貨幣的情況。第一，人民幣在周邊區域內的跨境貿易結算。近年來，中國與周邊經濟體之間的貿易發展迅速。2014年，中國與周邊經濟體的雙邊貿易額達13,116.1億美元，2010—2014年平均年增長率高達8.4%。本書以邊境貿易為例，對邊貿人民幣結算進行深入分析，發現在國家相關政策的大力推動下，邊貿中的人民幣結算穩步推進。第二，以人民幣計價和結算的金融交易情況。首先，人民幣的對外直接投資。2014年，跨境直接投資人民幣結算金額1.05萬億元，比2013年的5,337.4億元增長了88%。其中，人民幣對外直接投資結算金額1,865.6億元，同比增長118%；外商直接投資結算金額8,620.2億元，同比增長92%。與2011年相比，直接投資人民幣結算總額增加了9,377.1億元，在3年內增長8.5倍。中國對外直

接投資的70%左右都分佈在中國周邊區域內，這意味著以人民幣結算的對外直接投資有很大部分流向了中國周邊區域。其次，周邊人民幣債券發行情況發展勢頭強勁。截止到2014年，香港累計發行人民幣債券6,141億元；截止到2015年9月底，臺灣寶島債累計發行金額299億元人民幣。最後，人民幣合格境外機構投資者和人民幣與外幣的直接交易發展迅速。2014年，人民幣對外幣直接交易共成交10,482億元，在銀行間外匯市場即期交易中占比為4.7%，其中中國周邊國家貨幣直接交易量達7,692億元；此外，在這一年中有95家合格境外機構獲得2,997億元的投資額度，比2012年增加了2,327億元的額度，合格境外機構數增加了69個。第三，人民幣貨幣錨地位的檢驗。2008年危機後，周邊14個國家的貨幣匯率變動釘住人民幣，人民幣是除了美元和歐元之外影響力最大的貨幣。中國周邊區域內呈現出「去美元化」的趨勢，目前美元仍是中國周邊區域內主要的一種錨貨幣，但是美元在這些國家貨幣籃子中的權重呈下降趨勢，而人民幣的權重卻在上升，說明人民幣有取代美元，成為中國周邊區域內重要的錨貨幣的潛力。第四，在人民幣作為儲備貨幣方面，人民幣在全球外匯儲備份額中處於微不足道的地位，但是境外央行持有人民幣儲備資產呈現良好發展態勢。特別是人民幣加入SDR，預計在未來一段時間內，IMF的188個成員國的央行或貨幣當局將逐漸在其外匯儲備中增持人民幣，增大人民幣在全球外匯儲備中的份額。

最後，人民幣周邊化的抑制因素。雖然人民幣周邊化發展勢頭良好，但是在其發展過程中，還是出現了一些問題。在跨境貿易人民幣結算方面，進口人民幣結算與出口人民幣結算不對稱，人民幣跨境貿易結算集中於進口而非出口。這在一定程度上說明人民幣易出去，卻不易回流。同時人民幣在資本項目回流渠道較少且限制又多，這兩個問題都反應了人民幣的回流機制還不完善，這必會限制人民幣周邊化的進程。另一方面，一些非經濟因素也會抑制人民幣周邊化的發展。兩岸關係不穩定，特別是2016年民進黨再次執政，使兩岸關係的發展更加不確定。近幾年來，釣魚島問題和南海爭端影響了國家間的經濟關係。以釣魚島爭端為例，釣魚島爭端導致中日政治關係急遽惡化，對中日經貿關係造成嚴重衝擊。據日本財務省統計，2012年的中日貿易總額較上年減少3.3%。其中，日本對華出口下降10.4%，日本對華貿易逆差額接近168億美元，占其對世界出口逆差總額的86%，成為日本出口減少的主要原因。進入2013年，受日本首相參拜靖國神社的影響，中日雙邊貿易繼續惡化。從對旅遊服務的影響看，釣魚島爭端導致兩國交往減少，從簽證簽發的統計看，2012年，全年對華簽發簽證數為111萬，其中9—12月僅簽發14.4萬，較上年同

期簽發的 25.9 萬，減少了 45%。貿易和旅遊是人民幣流出國門的兩大主要渠道，受釣魚島爭端、參拜靖國神社等影響，中日貿易和旅遊業都不同程度地受到了衝擊，這勢必會減少人民幣在日本的流通和使用。兩國領土爭端，定會傷害兩國人民的感情，這將阻礙人民幣的國際化之路。

本書的第三部分包含第六章和第七章，即本書的政策建議與總結部分。結合第二部分的研究內容，本書提出的政策建議主要是繼續發展現有的優勢，並彌補現有的不足，具體包含以下幾個內容：

第一，充分利用供給側結構性改革促進中國經濟快速發展。首先是去產能、去庫存、去槓桿、降成本。要尊重市場規律，發揮市場在配置資源中的作用；對於國有企業，主管部門應做出科學判斷，順應市場形勢，努力推動企業兼併或重組。去產能、去庫存和去槓桿是一項巨大複雜的工程，涉及多個互相關聯的行業，不能單獨地去某一個行業的產能或庫存，容易相互掣肘，事倍功半。其次是加大創新力度彌補短板。要鼓勵發展科技創新，提高中國在國際產業鏈上的競爭力，不斷提高產業的技術含量和勞動生產率，推動貿易和產業結構升級。同時要加強與發達國家高端製造業的合作。發達國家的眾多企業擁有國際知名品牌和核心技術，在合適的條件下，通過合作、購買發達國家的先進技術也不失為一條捷徑。特別是 2008 金融危機之後，西方不少發達國家的製造業因為市場萎縮難以生存，中國應抓住機會，結合產業升級的實際需要，通過合作或購買的方式來充實自身的技術，以便躋身於國際產業鏈的高端領域。此外還要注重加強國內品牌建設。隨著人們生活水準的提高，人們的消費標準開始提升，更加注重品牌和質量。培育一大批國內知名品牌，是中國實體經濟能夠抵禦各種不利衝擊的保障。

第二，是加大中國與周邊國家和地區的貨幣金融合作。首先，擴大人民幣與其他貨幣的互換規模和期限，提高人民幣在國際貿易和投資中的使用比例。貨幣互換有利於互換雙方規避國際金融危機的風險，並且提高兩種貨幣在國際市場上的流通性，這不僅可以促進兩國間的經濟貿易和投資往來，還能為區域經濟金融穩定帶來積極影響。其次，中國要積極參與東亞貨幣合作。目前，東亞貨幣合作還處於初級階段比較鬆散，因此東亞各國應積極推進貨幣金融合作，縮小區域間各國的經濟水準差距。在此過程中，中國作為一個經濟大國，需要承擔的責任和任務更多。

第三，推進香港人民幣離岸金融中心的發展。首先，豐富人民幣離岸市場以人民幣計價的金融產品類型。其次，繼續深化離岸人民幣債券市場建設，擴大人民幣債券主體的投資規模。再次，為人民幣離岸市場的發展提供必要的人

民幣支持。最後，借鑑發達國家的經驗完善離岸市場的法律法規建設並加快在岸金融市場改革的腳步。另一方面，要協調離岸市場和在岸市場的發展。如果離岸市場高度發達，而沒有發達的國內金融市場和與之相匹配的金融服務，將會導致本幣定價過分依賴境外市場，這不僅將增加央行宏觀調控的難度，而且還會因為境外金融市場的發達，從而部分甚至全部替代本應由國內金融市場提供的金融服務，導致國內金融市場對本幣的資源配置能力下降，長此下去，國內金融市場可能會出現空心化現象，這將對國內的金融體系安全形成威脅。

第四，繼續推動中國金融市場改革。首先是利率市場化改革。中國的利率市場化取得了豐碩的成果，但是後續工作還有很多。利率市場化是一項龐大的工作，需要其他部門以及金融機構的積極配合，需要建立與利率市場化相適應的調控機制，進而提高市場利率的有效性。其次，要逐步實現資本帳戶開放，更好地推進人民幣國際化戰略的實現。

在不久的將來，隨著中國與這些周邊國家和地區的發展，中國與周邊鄰國是否能向歐盟一樣組成最優貨幣區呢？如果人民幣在這些周邊國家和地區實現了完全自由流通，又會對中國和這些國家和地區產生怎樣的影響呢？這些都是針對人民幣周邊化進行進一步研究的問題。

參考文獻

[1] SIBERT A, LIU L H. Government Finance With Currency Substitution [J]. Journal of International Economics, 1998 (1): 155-172.

[2] KORINEK A. Foreign Currency Debt, Risk Premia and Macroeconomic Volatility [J]. European Economic Review, 2011 (3): 371-385.

[3] BILSON, J F O. The Choice of An Invoice Currency in international transactions, Bhandari, J., Putnam, B., eds. Interdependence and Flexible Exchange Rates [M]. Cambrige: MIT Press, 1983.

[4] BAYOUMI T, EICHENGREEN B. Operationalzing the Theory of Optimum Currency Areas [R]. CEPR Discussion Paper, 1996.

[5] BACCHETTA, PHILIPPE, WINCOOP V. A theory of the currency denomination of international trade [R]. NBER Working Paper, 2002.

[6] BENJAMIN C. Toward a Leaderless Currency System [R]. Working Paper, University of California at Santa Barbara, 2008.

[7] CHEN X Y. Renminbi Going Global [J]. China & World Economy, 2011 (2): 1-18.

[8] CHITU L, et al. When Did the Dollar Overtake Sterling as the Leading International Currency? Evidence From The Bond Markets [J]. Journal of Development Economics, 2014 (111): 225-245.

[9] CORSETTI G, PESENTI P. Welfare and Macroeconomic Interdepence [J]. Quarterly Journal Economics, 2001: 421-445.

[10] CORSETTI G, PESENTI P. International Dimensions of Optimal Monetary Policy [J]. Journal of Monetary Economics, 2005, 52: 281-305.

[11] DONNENFELD, SHABTAI, HAUG A. Currency Invoicingin International Trade: an Empirical Investigation [J]. Review of International Economics, 2003 (2): 332-345.

[12] EICHENGREEN B. International Monetary Arrangements for 21th Century [M]. Washington: Brookings Institution, 1994.

[13] WALKER E. Strategic Currency Hedging and Global Portfolio Investments Upside Down [J]. Journal of Business Research, 2008 (6): 657-668.

[14] EVžEN K, HANOUSEK J, ENGELMANN D. Currencies, Competition, and Clans [J]. Journal of Policy Modeling, 2008 (6): 1115-1132.

[15] WALKER E. Strategic Currency Hedging and Global Portfolio Investments Upside Down [J]. Journal of Business Research, 2008 (6): 657-668.

[16] EICHENGREEN B. The Renminbi as an International Currency [J]. Journal of Policy Modeling, 2010 (5): 723-730.

[17] EICHENGREEN B. Number on Country, Number one Currency? [J]. The World Economy, 2013 (4): 363-374.

[18] FRANKEL J A, WEI S J. Yen Bloc or Dollar Bloc? Exchange Rate Pilicies of the East Asian Economics [M]. In Ito T, Krueger A, eds. Macroeconomic Linkage: Savings, Exchange Rates, and Capital Flows. Chicago: University of Chicago Press, 1994.

[19] FRANKEL J. Internationlization of the RMB and Historical Precedents [J]. Journal of Economic Integration, 2012 (3): 329-365.

[20] FRATAZSCHER M, MEHL A. Chian's Dominance Hypothesis and the Emergence of a Tri polar Global Currency System [J]. The Economic Journal, 2014 (581): 1343-1370.

[21] SVEN G. A Fundamental Symmetry in International Payment Patterns [J]. Journal of International Economics, 1973 (3): 105-116.

[22] ALBERTO G. Exchange Rates and Traded Goods Prices [J]. Journal of International Economics, 1988 (24): 45-68.

[23] BERG G, CEDRIC T. Vehicle Currency Use in International Trade [R]. NBER Working Poper, 2005.

[24] CORSETTI G, KOWIAK, B M. Fiscal imbalances and the dynamics ofcurrency crises [J]. European Economic Review, 2006 (5): 1317-1338.

[25] GLICK R, HUTCHISON M. China's Financial Linkages with Asia and the Global Financial Crisis [J]. Journal of International Money and Finance, 2013 (39): 186-206.

[26] GUI Y. The Internationlization of the RMB: Where Does the RMB Curren-

cy Stand in the Prosecc of Internationlazation [J]. Asian Pacific Economic Literature, 2013 (2): 68-85.

[27] HARTMANN, PHILIPP. The Currency Denomination of World Trade after European Monetary Union [J]. Journal of the Japanese and International Economics, 1998 (12): 424- 454.

[28] ITO T. China as Number one: How About the Renminbi? [J]. Asian Economic Policy Review, 2010 (2): 249-276.

[29] FLEMING J M. On Exchange Rate Unification [J]. Economic Journal, 1971 (81): 467-488.

[30] MARTIN J, PICK D. Currency Quandary: The Choice of Invoicing Currency under Exchange-Rate Uncertainty [J]. Review of International Economics, 1997 (1): 118-128.

[31] BULLARD J, MITRA K. Learning about monetary policy rules [J]. Journal of Monetary Economics, 2002 (6): 1105-1129.

[32] PAUL K. Vehicle Currencies and the Structure of International Exchange [J]. Journal of Money, Credit and Banking, 1980: 513-526.

[33] HEIMONEN K. Substituting a Substitute Currency [J]. International Review of Economics & Finance, 2008 (01): 66-84.

[34] LEE J W. Will the Renminbi Emerge as an Internayional Reserve Currency? [J]. The World Economy, 2014 (1): 42-62.

[35] MELITZ J. The Current Impasse in Research on Optimum Currency Areas [J]. European Economic Review, 1995 (39): 492-500.

[36] CANZONERI M, CUMBY R, DIBA B. The Interaction Between Monetary and Fiscal Policy [J]. Handbook of Monetary Economics, 2010 (3): 935- 999.

[37] MARTELLATO D. Skirmishing Currencies [J]. Transition Studies Review, 2010 (4): 645-661.

[38] EKVALL N, JENNERGREN L P, NäSLUND B. Currency Option Pricing with Mean Reversion and Uncovered Interest Parity: A revision of the Garman-Kohlhagen model [J]. European Journal of Operational Research, 1997 (1): 41- 59.

[39] NEVEN T VALEV. The hysteresis of currency substitution: Currency risk vs. network externalities. [J]. Journal of International Money and Finance, 2010

(2): 224-235.

[40] OBSTFELD M, ROGOFF K. New Directions for Stochastic Open Economy Models [J]. Journal of International Economics, 2000, 50: 117-153.

[41] KENEN P B. The Theory of Optimal Currency Areas: An Elective View [M]. Chicago: University of Chicago Press, 1969.

[42] PAGE S A B. Currency of Invoicing in Merchandise Trade [J]. National Institute Economic Review, 1977 (33): 1241-1264.

[43] PARK Y C. RMB Internationlization and Its Implication for Financial and Monetrary Cooperation in East Asia [J]. China & World Economy, 2010 (2): 1-21.

[44] PARK Y C, SONG C Y. Renminbi Internationlization: Prospects and Implication for Economic Integration in East Asia [J]. Asian Economic Papers, 2011 (3): 42-72.

[45] MUNDELL R A. A Theory of Optimal Currency Areas [J]. American EconomicReview, 1961 (51): 657-665.

[46] MCKINNON R I. Optimal Currency Areas [J]. American Economic Review, 1963 (53): 717-725.

[47] MUNDELL R A. A Theory of Optimal Currency Areas [J]. American Economic Review, 1961 (51): 657-665.

[48] MCKINNON R, SCHNABL G. Synchronised Business Cycles in East Asia and Fluctuations in the Yen/Dollar Exchange Rate [J]. The World Economy, 2003 (08): 1067-1088.

[49] LINDSET S. Valuing the Flexibility of Currency Choice in Multinational Trade WithStochasticExchange rates [J]. Journal of Multinational Financial Management, 2005 (2): 137-153.

[50] SHARMA S C, KANDIL M, CHAISRISAWATSUK S. CurrencySubstitution in Asian Countries [J]. Journal of Asian Economics, 2005 (03): 489-532.

[51] WATANABE S, OGURA M. How far apart are the two ACUs from each other? Asian Currency Unit and Asian CurrencyUnion [J]. Emerging Markets Review, 2010 (2): 152-172.

[52] SUBACCHI P. One Currency, Two Systems: China's Renmenbi Strategy [M]. London: Royal Institute of International Affairs, 2010.

[53] STIER K, et al. Internationalization of the Chinese Renminbi: An Oppor-

tunity for China [J]. Weekly Report, 2010 (17): 126-132.

[54] SRIVASTAVA S. The Emerging Economies and Changing Prospects of the Multicurrency Global Order: Avenues and Challenges in Times Ahead [J]. Procedia Social and Behavioral Sciences, 2012 (37): 46-56.

[55] ROBERT T. Gold and the Dollar Crisis: The Future of Convertibilit [M]. New Haven: Yale University Press, 1961.

[56] DAMJANOVIC T, DAMJANOVIC V, NOLAN C. Unconditionally optimal monetary policy [J]. Journal of Monetary Economics, 2008 (03): 491-500.

[57] TUNG C, et al. Renminbi Internationlization: Progress, Prospect and Comparison [J]. China & World Economy. 2012 (5): 63-82.

[58] 巴曙松. 人民幣國際化應走邊境貿易之路 [J]. 中國經濟快迅, 2003 (27): 30-31.

[59] 巴曙松, 嚴敏. 人民幣現金境外需求規模的間接測算研究 [J]. 上海金融, 2010 (02): 8-12.

[60] 程恩富, 周肇光. 關於人民幣區域化和國際化可行性探析 [J]. 當代經濟研究, 2002 (11): 58-62.

[61] 陳暉. 人民幣區域化在東南亞地區的實證分析 [D]. 昆明: 昆明理工大學, 2008.

[62] 陳雨露. 2014人民幣國際化報告 (人民幣離岸市場建設與發展) [M]. 北京: 中國人民大學出版社, 2013.

[63] 陳雨露. 2015人民幣國際化報告 (「一帶一路」建設中的貨幣戰略) [M]. 北京: 中國人民大學出版社, 2015.

[64] 成思危. 人民幣國際化之路 [M]. 北京: 中信出版社, 2014.

[65] 董繼華. 境外人民幣流通規模估計——基於季度數據的協整分析 [J]. 當代經濟科學, 2008 (1): 28-36.

[66] 丁一兵, 李曉. 亞洲的超越 [M]. 北京: 北京當代中國出版社, 2006.

[67] 丁一兵. 離岸市場的發展與人民幣國際化的推進 [J]. 東北亞論壇, 2016 (01): 21-30.

[68] 範愛軍, 馮棟. 人民幣在東亞區域化路徑探索的實證分析—基於最優貨幣區理論 [J]. 山西大學學報, 2014 (03): 56-61.

[69] 範方志, 韓駿. 中國資本項目管制與跨境貿易結算: 問題與對策 [J]. 中央財經大學學報, 2012 (09): 35-41.

[70] 方國志.人民幣在東盟流通的現狀及策略［J］.南方金融,2008(05):66-67.

[71] 付英梅.人民幣跨境結算發展分析［J］.經濟研究導刊,2016(03):93-95.

[72] 高海紅,餘永定.人民幣國際化的含義與條件［J］.國際經濟評論,2010(1):46-64.

[73] 高海紅.人民幣成為區域貨幣的潛力［J］.國際經濟評論,2011(02):80-88.

[74] 高洪民.人民幣國際化與上海國際金融中心互促發展的機理和渠道研究［J］.世界經濟研究,2010(10):22-27.

[75] 關鍵.人民幣與盧布現鈔在中俄邊境地區流通情況比較［J］.黑龍江金融,2006(12):47-48.

[76] 韓民春,袁秀林.基於貿易視角的人民幣區域化研究［J］經濟學,2007(1):402-420.

[77] 韓龍.美元崛起歷程及對人民幣國際化的啟示［J］.國際金融究,2012(10):37-46.

[78] 賀翔.人民幣區域化戰略問題研究［J］.河南金融管理幹部學院學報,2007(1):55-60.

[79] 胡海瓊.德國馬克國際化的成功經驗與啟示［J］.內蒙古金融研究,2010(4):36-41.

[80] 黃瑾.國際貨幣收益和風險研究綜述［J］.浙江社會科學,2012(12):143-147.

[81] 黃海洲.美元和人民幣:何去何從?［J］.國際經濟評論,2010(02):7-15.

[82] 何慧剛.人民幣國際化:模式選擇與路徑安排［J］.財經科學,2007(2):37-42.

[83] 何帆,張斌,張明,等.港離岸人民幣金融市場的現狀、前景、問題與風險［J］.國際經濟評論,2011(03):84-108.

[84] 何東,馬駿.人民幣跨境使用與香港離岸人民幣中心發展［J］.中國金融,2011(16):76-77.

[85] 姜波克.人民幣國際化問題探討［J］.經濟縱橫,1994(5):30-32.

[86] 姜波克,羅得志.最優貨幣區理論綜述兼述歐元、亞元問題［J］.

世界經濟文匯, 2002 (01): 73-80.

[87] 姜波克, 張青龍. 貨幣國際化: 條件與影響的研究綜述 [J]. 新金融, 2005 (8): 6-9.

[88] 姜凌. 試析經濟全球化趨勢下的匯率機制創新 [J]. 財經科學, 2003 (02): 64-68.

[89] 姜凌, 謝洪燕. 經濟全球化條件下的國際貨幣體系改革——基於區域國際貨幣合作視角的研究 [M]. 北京: 經濟科學出版社, 2011.

[90] 賈寧. 日元和馬克的國際化比較及其啟示 [J]. 中國貨幣市場, 2010 (1): 20-25.

[91] 鞠耀績, 索麗莎. 東亞地區人民幣區域化可行性實證分析 [J]. 煤炭經濟研究, 2011 (05): 34-37.

[92] 李婧, 管濤, 何帆. 人民幣跨境流通的現狀及對中國經濟的影響 [J]. 管理世界, 2004 (9): 45-52

[93] 李婧. 人民幣區域化對中國經濟的影響與對策 [M]. 北京: 中國金融出版社, 2009.

[94] 李婧, 解祥優. 人民幣是否已經成為東亞地區的錨貨幣? [J]. 四川大學學報, 2016 (01): 80-88.

[95] 李曉, 丁一兵. 論東亞貨幣合作的具體措施 [J]. 世界經濟, 2002 (2): 22-27.

[96] 李曉, 李俊久, 丁一兵. 論人民幣的亞洲化 [J]. 世界經濟, 2004, (2): 25-37.

[97] 李曉. 東亞貨幣合作為何遭遇挫折?——兼論人民幣國際化及其對未來東亞貨幣合作的影響 [J]. 國際經濟評論, 2011 (01): 109-128.

[98] 李稻葵, 劉霖林. 雙軌制推進人民幣國際化 [J]. 中國金融, 2008 (10): 42-43.

[99] 李稻葵, 劉霖林. 人民幣國際化: 計量研究及政策分析 [J]. 金融研究, 2008 (11): 1-16.

[100] 李稻葵. 人民幣國際化道路研究 [M]. 北京: 科學出版社, 2013.

[101] 李繼民. 貨幣國際化研究成果綜述 [J]. 首都經濟貿易大學學報, 2011 (2): 96-104

[102] 李建軍, 甄峰, 崔西強. 人民幣國際化發展現狀、程度測度及展望評估 [J]. 國際金融研究, 2013 (10): 58-65.

[103] 李翔. 人民幣國際化的進展和前瞻 [J]. 經濟研究參考, 2013

（28）：48-55.

［104］劉崇. 以貿易發展推進人民幣國際化［J］. 南方金融，2007（10）：21-24.

［105］劉旗. 國際貿易結算貨幣選擇理論對人民幣跨境結算的啟示［J］. 經濟論壇，2010（01）：9-12.

［106］梁晶晶. 於人民幣在東盟國家流通情況的探析［J］. 區域金融研究，2015（5）：50-53.

［107］林曉林. 吉林省對朝人民幣現金跨境留存量研究［J］. 吉林金融研究，2016（1）：76-78.

［108］盧皓. 中緬、中老邊境人民幣流通狀況調查與思考［J］. 時代金融，2007（9）：119.

［109］馬榮華，饒曉輝. 人民幣的境外需求估計［J］. 經濟科學，2006（5）：18-29.

［110］馬駿，徐劍. 人民幣走出國門之路：離岸市場發展和資本項目開放［M］. 北京：中國經濟出版社，2012.

［111］馬廣奇，李潔.「一帶一路」建設中人民幣區域化問題研究［J］. 經濟縱橫，2015（6）：41-46.

［112］梅德平. 跨境貿易人民幣計價結算問題研究——人民幣國際化視角［M］. 武漢：武漢大學出版社，2014

［113］聶利君. 貨幣國際化問題研究——兼論人民幣國際化［M］. 北京：光明日報出版社，2009.

［114］歐明剛，張坤. 東亞雙層貨幣籃子結構研究［J］. 國際金融研究，2010（6）：15-22.

［115］潘理權. 寡頭壟斷的國際貨幣體系與人民幣國際化戰略選擇［J］. 經濟問題探索，2007（1）：14-19.

［116］潘理權，何春聯. 日元與德馬克國際化比較及對人民幣國際化的啟示［J］. 江淮論壇，2011（2）：39-43.

［117］潘理權，楊善林. 科技實力在貨幣國際化中的作用析［J］. 中國軟科學，2011（8）：65-71.

［118］潘理權. 人民幣國際化發展路徑及保障措施研究［M］. 北京：中國社會科學出版社，2013.

［119］邱兆祥，粟勤. 貨幣競爭、貨幣替代與人民幣區域化［J］. 金融理論與實踐，2008（02）：6-10.

[120] 邱兆祥. 人民幣區域化問題研究 [M]. 北京：光明日報出版社, 2009.

[121] 蘇春江. 東亞貨幣合作可行性的分析——基於 OCA 指數模型的估算 [J]. 經濟研究參考, 2013（58）：55-75.

[122] 孫海霞, 謝露露. 國際貨幣的選擇：基於外匯儲備職能的分析 [J]. 國際金融研究, 2010（12）：38-49.

[123] 孫久文, 高志剛. 絲綢之路經濟帶與區域經濟發展研究 [M]. 北京：經濟管理出版社, 2015.

[124] 宋敏, 屈敏. 走向全球第 3 大貨幣：人民幣國際化問題研究 [M]. 北京：北京大學出版社, 2011.

[125] 沙文兵. 匯率變動、貿易地位與人民幣境外存量——基於 1994—2012 年月度數據的實證分析 [J]. 中南財經政法大學學報, 2014（01）：3-9.

[126] 汪洋. 跨境貿易以人民幣結算：路徑選擇與風險 [J]. 國際經濟評論, 2011（2）：108-118.

[127] 王雅範, 管濤、溫建東. 走向人民幣可兌換：中國漸進主義的實踐 [M]. 北京：經濟科學出版社, 2002.

[128] 王篆. 天津濱海新區離岸金融市場模式的國際比較與借鑑 [J]. 天津行政學院報, 2009（02）：54-57.

[129] 王信. 發展香港人民幣離岸人民幣市場促進上海金融中心建設 [J]. 國際貿易, 2010（6）：45-47.

[130] 王信. 人民幣國際化進程中的問題和收益研究 [J]. 國際貿易, 2011（08）：51-65.

[131] 王勇. 人民幣境外直接投資：波及效應與企業戰略 [J]. 國際貿易, 2011（3）：52-58.

[132] 王崢. 人民幣國際化背景下人民幣跨境流通趨勢研究——基於需求缺口估計法的分析 [J]. 上海金融, 2015（11）：59-63.

[133] 王衛, 孫小兵. 東盟地區人民幣區域化研究：基於經濟同週期的實證檢驗 [J]. 財政界, 2016（2）：10-11.

[134] 武江. 人民幣跨境結算面臨的問題及建議 [J]. 山西財經大學學報, 2014（10）：47-62.

[135] 徐奇淵, 劉力臻. 香港人民幣存量估計：M1 口徑的考察 [J]. 世界經濟, 2006（9）：49-57.

[136] 徐奇淵. 日元國際化的經驗及其對人民幣的啟示 [J]. 金融評論,

2010（2）：14-126.

［137］徐奇淵.人民幣國際化：概念、爭論與展望［J］.上海金融,2015（04）：47-54.

［138］徐楠.人民幣國際化的路徑及實施策略研究［D］.吉林：吉林大學,2013.

［139］姚曉東,孫鈺.人民幣跨境流通的影響與人民幣區域化進程研究［J］.經濟社會體制比較,2010（3）：23-30.

［140］姚文寬.跨境人民幣結算的現狀、問題及對策［J］.改革與戰略,2015（12）：54-59.

［141］熊慶麗,章向東.貨幣國際化的國際經驗比較與借鑑［J］.上海金融,2011（2）：95-98.

［142］淹田賢志.東亞共同體發展之路［M］.東京：東京中央大學出版社,2006.

［143］嚴佳佳.人民幣國際化的貨幣替代機制研究［M］.北京：中國金融出版社,2011

［144］嚴玉華.人民幣國際化和經濟結構良性互動可持續發展悖論［J］.北華大學報,2015（05）：40-44.

［145］餘永定.再論人民幣國際化［J］.國際經濟評論,2011（05）：7-14.

［146］餘永定.從當前的人民幣匯率波動看人民幣國際化［J］.國際經濟評論,2012（01）：18-26.

［147］尹亞紅.人民幣港元一體化研究——基於貨幣替代的視角［J］.國際金融研究,2010（09）：29-37.

［148］楊碧琴.跨境貿易人民幣結算實踐歷程及其啟示［J］.特區經濟,2016（03）：26-28.

［149］鄭曉舟.人民幣：從「不受歡迎」到「全流通」［N］.上海證券報,2007-06-29.

［150］張青龍.人民幣國際化的經濟效應：一般均衡分析［J］.世界經濟研究,2005（8）：44-48.

［151］張宇燕,張靜春.貨幣的性質與人民幣的未來選擇［J］.當代亞太,2008（2）：9-43.

［152］張雲,劉駿民人民幣國際化的歷史趨勢與風險應對探析［J］.經濟與管理研究,2010（3）：65-70.

[153] 張明, 何帆. 人民幣國際化進程中在岸離岸套利現象研究 [J]. 國際金融研究, 2012 (10): 47-54.

[154] 張斌, 徐奇淵. 匯率與資本項目管制下的人民幣國際化 [J]. 國際經濟評論, 2012 (04): 63-73.

[155] 張廣斌, 王源昌. 人民幣國際化與產業轉型之兩難 [J]. 金融市場研究, 2015 (07): 54-61.

[156] 張琦. 加快推進人民幣國際化背景下完善本幣現鈔跨境管理的思考——基於國際經驗的啟示 [J]. 浙江金融, 2015 (12): 51-54.

[157] 張紅. 人民幣國際化提速進程中面臨的問題與發展途徑 [J]. 對外經貿實務, 2016 (02): 54-57.

[158] 鐘偉. 人民幣在周邊國家流通的現狀、問題及對策 [J]. 管理世界, 2008 (1): 165-166.

[159] 趙慶明. 人民幣資本項目可兌換及國際化研究 [M]. 北京: 中國金融出版社, 2005.

[160] 趙志華. 關於人民幣現金在中蒙邊貿口岸流通情況的調查報告 [J]. 華北金融, 2006 (2): 8-9.

[161] 趙勝民, 謝曉聞, 方意, 等. 金融市場化改革進程中人民幣匯率和利率動態關係研究——兼論人民幣匯率市場化和利率市場化次序問題 [J]. 南開經濟研究, 2013 (5): 33-49.

[162] 趙曉斐.「一帶一路」背景下人民幣國際化問題研究 [J]. 特區經濟, 2016 (1): 14-16.

[163] 宗良, 李建軍. 人民幣國際化的歷史機遇和戰略對策 [J]. 國際貿易, 2010 (1): 63-68.

[164] 周元元. 中國-東盟區域貨幣合作與人民幣區域化研究 [J]. 金融研究, 2008 (5): 163-171.

[165] 周小川. 人民幣資本項目可兌換的前景和路徑 [J]. 金融研究, 2012 (1): 1-19.

[166] 周穎, 王姣. 跨境貿易人民幣計價結算進出口貿易效應分析 [J]. 瀋陽師範大學學報, 2016 (1): 89-93.

[167] 中華人民共和國商務部, 中華人民幣共和國國家統計局, 國家外匯管理局. 2014年度中國對外直接投資統計公報 [M]. 北京: 中國統計出版社, 2015.

國家圖書館出版品預行編目（CIP）資料

人民幣周邊化問題研究 / 徐玉威 著. -- 第一版.
-- 臺北市：崧博出版：崧燁文化發行, 2019.05
　　面；　公分
POD版

ISBN 978-957-735-813-4(平裝)

1.人民幣 2.金融國際化 3.中國

561.52　　　　　　　　　　　　　　　108005762

書　　名：人民幣周邊化問題研究
作　　者：徐玉威 著
發 行 人：黃振庭
出 版 者：崧博出版事業有限公司
發 行 者：崧燁文化事業有限公司
E-mail：sonbookservice@gmail.com
粉 絲 頁：　　　　　網　址：
地　　址：台北市中正區重慶南路一段六十一號八樓 815 室
8F.-815, No.61, Sec. 1, Chongqing S. Rd., Zhongzheng
Dist., Taipei City 100, Taiwan (R.O.C.)
電　　話：(02)2370-3310　傳　真：(02) 2370-3210
總 經 銷：紅螞蟻圖書有限公司
地　　址：台北市內湖區舊宗路二段 121 巷 19 號
電　　話:02-2795-3656　傳真:02-2795-4100　　網址：
印　　刷：京峯彩色印刷有限公司（京峰數位）

　　本書版權為西南財經大學所有授權崧博出版事業股份有限公司獨家發行電子
　　書及繁體書繁體字版。若有其他相關權利及授權需求請與本公司聯繫。

定　　價：300元
發行日期：2019 年 05 月第一版
◎ 本書以 POD 印製發行